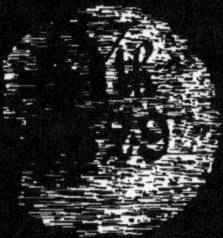

LE JEU
DE L'AMOUR
ET
DU HAZARD,

COMÉDIE

EN TROIS ACTES,

Par M. de Marivaux.

Repréfentée, pour la premiere fois, par
les Comédiens Italiens ordinaires du
Roi, le 23 Janvier 1730.

A

ACTEURS.

M. ORGON.

MARIO.

SILVIA.

DORANTE.

LISETTE, *Femme-de-Chambre de Silvia.*

ARLEQUIN, *Valet de Dorante.*

UN LAQUAIS.

La Scène est à Paris.

LE JEU
DE L'AMOUR
ET
DU HAZARD,
COMÉDIE.

ACTE PREMIER.

SCENE PREMIERE.
SILVIA, LISETTE.

SILVIA.

Mais, encore une fois, de quoi vous mêlez-vous? Pourquoi répondre de mes sentimens?

LISETTE.

C'est que j'ai cru que dans cette occasion-ci, vos sentimens ressembleroient à ceux de

tout le monde. Monfieur votre pere me demande fi vous êtes bien aife qu'il vous marie, fi vous en avez quelque joie. Moi, je
lui réponds qu'oui ; cela va tout de fuite :
& il n'y a peut-être que vous de fille au
monde, pour qui ce *oui*-là ne foit pas vrai :
le *non* n'eft pas naturel.

SILVIA.

Le *non* n'eft pas naturel ! quelle fotte naï-
veté ! Le mariage auroit donc de grands charmes pour vous ?

LISETTE.

Eh bien ! c'eft encore *oui*, par exemple.

SILVIA.

Taifez-vous ; allez répondre vos imperti-
nences ailleurs ; & fachez que ce n'eft pas à
vous à juger de mon cœur par le vôtre.

LISETTE.

Mon cœur eft fait comme celui de tout le
monde. De quoi le vôtre s'avife-t-il de n'être
fait comme celui de perfonne ?

SILVIA.

Je vous dis que fi elle ofoit, elle m'appel-
leroit une originale.

LISETTE.

Si j'étois votre égale, nous verrions.

S I L V I A.

Vous travaillez à me fâcher, Lifette.

L I S E T T E.

Ce n'eft pas mon deffein. Mais dans le fond, voyons ; quel mal ai-je fait de dire à Monfieur Orgon que vous étiez bien äife d'être mariée ?

S I L V I A.

Premiérement, c'eft que tu n'as pas dit vrai ; je ne m'ennuie pas d'être fille.

L I S E T T E.

Cela eft encore tout neuf.

S I L V I A.

C'eft qu'il n'eft pas néceffaire que mon pere croye me faire tant de plaifir en me mariant, parce que cela le fait agir avec une confiance qui ne fervira peut-être de rien.

L I S E T T E.

Quoi ! vous n'épouferez pas celui qu'il vous deftine ?

S I L V I A.

Que fais-je : peut-être ne me conviendra-t-il point ; & cela m'inquiéte.

L I S E T T E.

On dit que votre futur eft un des plus honnêtes hommes du monde ; qu'il eft bien fait, aimable, de bonne mine, qu'on ne peut pas avoir plus d'efprit ; qu'on ne fauroit être d'un

A 3

meilleur caractere : que voulez-vous de plus ?
Peut-on fe figurer de mariage plus doux,
d'union plus délicieufe ?

S i l v i a.

Délicieufe ! que tu es folle avec tes expreffions !

L i s e t t e.

Ma foi, Madame, c'eft qu'il eft heureux
qu'un amant de cette efpéce-là veuille fe
marier dans les formes : il n'y a prefque point
de fille, s'il lui faifoit la cour, qui ne fut
en danger de l'époufer fans cérémonie. Aimable, bien fait, voilà de quoi vivre pour
l'amour : fociable & fpirituel, voilà pour
l'entretien de la fociété. Pardi tout en fera
bon, dans cet homme-là : l'utile & l'agréa-
ble, tout s'y trouve.

S i l v i a.

Oui, dans le portrait que tu en fais ; &
on dit qu'il y reffemble ; mais c'eft un *on
dit* ; & je pourrois bien n'être pas de ce fen-
timent-là, moi. Il eft bel homme, dit-on,
& c'eft prefque tant pis.

L i s e t t e.

Tant pis ! tant pis ! mais voilà une penfée
bien hétéroclite !

SILVIA.

C'eſt une penſée de très-bon ſens. Volontiers un bel homme eſt fat, je l'ai remarqué.

LISETTE.

Oh! il a tort d'être fat; mais il a raiſon d'être beau.

SILVIA.

On ajoute qu'il eſt bien fait : paſſe.

LISETTE.

Oui-dà, cela eſt pardonnable.

SILVIA.

De beauté & de bonne mine, je l'en diſpenſe; ce ſont là des agrémens ſuperflus.

LISETTE.

Vertuchoux ! ſi je me marie jamais, ce ſuperflu-là ſera mon néceſſaire.

SILVIA.

Tu ne ſais ce que tu dis. Dans le mariage, on a plus ſouvent affaire à l'homme raiſonnable, qu'à l'aimable homme : en un mot, je ne lui demande qu'un bon caractère ; & cela eſt plus difficile à trouver qu'on ne penſe. On loue beaucoup le ſien; mais qui eſt-ce qui a vécu avec lui? Les hommes ne ſe contrefont-ils pas, ſur-tout quand ils ont de

A 4

l'efprit ? N'en ai-je pas vu, moi, qui pa-
roiſſoient avec leurs amis les meilleures gens
du monde ? C'eſt la douceur, la raiſon,
l'enjouement même : il n'y a pas juſqu'à leur
phyſionomie qui ne ſoit garante de toutes
les bonnes qualités qu'on leur trouve. Monſieur un tel a l'air d'un galant homme, d'un
homme bien raiſonnable, diſoit-on tous les
jours d'Ergaſte ; auſſi l'eſt-il, répondoit-on :
je l'ai répondu moi-même : ſa phyſionomie
ne vous ment pas d'un mot. Oui, fiez-vous-
y à cette phyſionomie ſi douce, ſi préve-
nante, qui diſparoît un quart-d'heure après,
pour faire place à un viſage ſombre, bru-
tal, farouche, qui devient l'effroi de toute
une maiſon. Ergaſte s'eſt marié : ſa femme,
ſes enfans, ſon domeſtique, ne lui connoiſ-
ſent encore que ce viſage-là ; pendant qu'il
promene par-tout ailleurs cette phyſionomie
ſi aimable que nous lui voyons, & qui n'eſt
qu'un maſque qu'il prend au ſortir de chez
lui.

L I S E T T E.

Quel fantaſque, avec ſes deux viſages !

S I L V I A.

N'eſt-on pas content de Leandre, quand
on le voit ? Eh bien ! chez lui, c'eſt un hom-

me qui ne dit mot ; qui ne rit ni qui ne gron-
de : c'eſt une ame glacée, ſolitaire, inacceſ-
ſible ; ſa femme ne la connoît point, n'a
point de commerce avec elle ; elle n'eſt mariée qu'avec une figure qui ſort d'un cabinet,
qui vient à table, & qui fait expirer de lan-
gueur, de froid & d'ennui tout ce qui l'en-
vironne : n'eſt-ce pas-là un mari bien amu-
ſant ?

LISETTE.

Je gele au récit que vous m'en faites. Mais
Terſandre, par exemple ?

SILVIA.

Oui, Terſandre ! il venoit l'autre jour de
s'emporter contre ſa femme. J'arrive ; on
m'annonce : je vois un homme qui vient à
moi les bras ouverts, d'un air ſerein, dégagé :
vous auriez dit qu'il ſortoit de la converſa-
tion la plus badine ; ſa bouche & ſes yeux
rioient encore. Le fourbe ! Voilà ce que
c'eſt que les hommes. Qui eſt-ce qui croit
que ſa femme eſt à plaindre avec lui ? Je la
trouvai toute abattue, le teint plombé, avec
des yeux qui venoient de pleurer : je la trouvai comme je ſerai peut-être. Voilà mon
portrait à venir ; je vais, du moins, riſquer
d'en être une copie. Elle me fit pitié, Liſette.

A 5

Si j'allois te faire pitié auffi ! Cela eft terrible ! Qu'en dis-tu ? Songe à ce que c'eft qu'un mari.

LISETTE.

Un mari, c'eft un mari : vous ne deviez pas finir par ce mot-là ; il me raccommode avec tout le refte.

SCENE II.

M. ORGON, SILVIA, LISETTE.

M. ORGON.

EH ! bon jour, ma fille : la nouvelle que je viens t'annoncer te fera-t-elle plaifir ? Ton prétendu arrive aujourd'hui ; fon pere me l'apprend par cette lettre-ci. Tu ne me réponds rien ; tu me parois trifte : Lifette de fon côté baiffe les yeux. Qu'eft-ce que cela fignifie ? Parle donc, toi ; de quoi s'agit-il ?

LISETTE.

Monfieur, un vifage qui fait trembler, un autre qui fait mourir de froid, une ame gelée qui fe tient à l'écart, & puis le portrait d'une femme qui a le vifage abattu, un teint plombé, des yeux bouffis & qui viennent de pleurer : voilà, Monfieur, tout ce que nous confidérons avec tant de recueillement.

M. ORGON.

Que veut dire ce galimatias ? Une ame, un portrait ! Explique-toi donc ; je n'y entends rien.

SILVIA.

C'eft que j'entretenois Lifette du malheur d'une femme maltraitée par fon mari ; je lui citois celle de Terfandre, que je trouvai l'autre jour fort abattue, parce que fon mari venoit de la quereller ; & je faifois là-deffus mes réflexions.

LISETTE.

Oui, nous parlions d'une phyfionomie qui va & qui vient ; nous difions qu'un mari porte un mafque avec le monde, & une grimace avec fa femme.

M. ORGON.

De tout cela, ma fille, je comprends que le mariage t'allarme, d'autant plus que tu ne connois point Dorante.

LISETTE.

Premierement, il eft beau ; & c'eft prefque tant pis.

M. ORGON.

Tant pis ! rêves-tu, avec ton tant pis ?

A 6

LISETTE.

Moi, je dis ce qu'on m'apprend : c'est la doctrine de Madame ; j'étudie sous elle.

M. ORGON.

Allons, allons, il n'est pas question de tout cela : tiens, ma chere enfant, tu sais combien je t'aime. Dorante vient pour t'épouser. Dans le dernier voyage que je fis en Province, j'arrêtai ce mariage-là avec son pere, qui est mon intime & mon ancien ami ; mais ce fut à condition que vous vous plairiez à tous deux, & que vous auriez entiere liberté de vous expliquer là-dessus : je te défends toute complaisance à mon égard. Si Dorante ne te convient point ; tu n'as qu'à le dire, & il repart : si tu ne lui convenois pas, il repart de même.

LISETTE.

Un *duo* de tendresse en décidera, comme à l'Opéra. Vous me voulez, je vous veux ; vîte un Notaire, ou bien : m'aimez-vous ? non ; ni moi non plus ; vîte à cheval.

M. ORGON.

Pour moi, je n'ai jamais vu Dorante ; il étoit absent quand j'étois chez son pere ; mais fur tout le bien qu'on m'en a dit , je ne faurois craindre que vous vous remerciiez ni l'un ni l'autre.

SILVIA.

Je fuis pénétrée de vos bontés , mon pere. Vous me défendez toute complaifance , & je vous obéirai.

M. ORGON.

Je te l'ordonne.

SILVIA.

Màis , fi j'ofois , je vous propoferois , fur une idée qui me vient , de m'accorder une grace qui me tranquilliferoit tout-à-fait.

M. ORGON.

Parle : fi la chofe eft faifable , je te l'accorde.

SILVIA.

Elle eft très-faifable ; mais je crains que ce ne foit abufer de vos bontés.

M. ORGON.

Eh bien ! abufe : va , dans ce monde , il faut être un peu trop bon pour l'être affez.

LISETTE.

Il n'y a que le meilleur de tous les hommes qui puiffe dire cela.

M. ORGON.

Explique-toi , ma fille.

S I L V I A.

Dorante arrive ici aujourd'hui ; fi je pouvois le voir, l'examiner un peu fans qu'il me
connût ? Lifette a de l'efprit, Monfieur ; elle
pourroit prendre ma place pour un peu de
tems , & je prendrois la fienne.

M. O R G O N, *à part.*

Son idée eft plaifante. (*haut.*) Laiffe-moi
rêver un peu à ce que tu me dis-là. (*à part.*) Si
je la laiffe faire, il doit arriver quelque chofe
de bien fingulier ; elle ne s'y attend pas elle-
même.... (*haut.*) Soit , ma fille , je te permets le déguifement. Es-tu bien fûre de foutenir le tien , Lifette ?

L I S E T T E.

Moi , Monfieur, vous favez qui je fuis ;
effayez de m'en conter , & manquez de ref-
pect, fi vous l'ofez. A cette contenance-ci ,
voilà un échantillon des bons airs avec lef-
quels je vous attends. Qu'en dites-vous ? hem ?
retrouvez-vous Lifette ?

M. O R G O N.

Comment donc ! je m'y trompe actuellement moi-même. Mais il n'y a point de
tems à perdre : va t'ajufter fuivant ton rôle ;

Dorante peut nous surprendre : hâtez-vous;
& qu'on donne le mot à toute la maison.

SILVIA.

Il ne me faut presque qu'un tablier.

LISETTE.

Et moi, je vais à ma toilette; venez m'y
coëffer, Lisette, pour vous accoutumer à
vos fonctions : un peu d'attention à votre
service, s'il vous plaît.

SILVIA.

Vous serez contente, Marquise, marchons.

SCENE III.

MARIO, M. ORGON, SILVIA.

MARIO.

MA sœur, je te félicite de la nouvelle
que j'apprends : nous allons voir ton amant,
dit-on.

SILVIA.

Oui, mon frere; mais je n'ai pas le tems
de m'arrêter : j'ai des affaires sérieuses, & mon
pere vous les dira; je vous quitte.

SCENE IV.

M. ORGON, MARIO.

M. ORGON.

NE l'amusez pas, Mario; venez, vous saurez de quoi il s'agit.

MARIO.

Qu'y a-t-il de nouveau, Monsieur?

M. ORGON.

Je commence par vous recommander d'être discret sur ce que je vais vous dire, au moins.

MARIO.

Je suivrai vos ordres.

M. ORGON.

Nous verrons Dorante aujourd'hui; mais nous ne le verrons que déguisé.

MARIO.

Déguisé! Viendra-t-il en partie de masque? lui donnerez-vous le bal?

M. ORGON.

Ecoutez l'article de la lettre du pere; Hum.... *Je ne sais au reste ce que vous penserez d'une imagination qui est venue à mon*

fils: elle eſt biȝarre, il en convient lui-même;
mais le motif eſt pardonnable & même délicat;
c'eſt qu'il m'a prié de lui permettre de n'arriver
d'abord chez vous, que ſous la figure de ſon valet,
qui de ſon côté fera le perſonnage de ſon Maître.

MARIO.

Ah, ah! cela ſera plaiſant.

M. ORGON.

Ecoutez le reſte..... *Mon fils ſait com-*
bien l'engagement qu'il va prendre eſt ſérieux;
& il eſpere, dit-il, ſous ce déguiſement de
peu de durée, ſaiſir quelques traits du caractere
de notre future & la mieux connoître, pour
ſe régler enſuite ſur ce qu'il doit faire, ſuivant
la liberté que nous ſommes convenus de leur
laiſſer. Pour moi, qui m'en fie bien à ce que
vous m'avez dit de votre aimable fille, j'ai
conſenti à tout, en prenant la précaution de
vous avertir, quoiqu'il m'ait demandé le ſecret
de votre côté. Vous en uſerez là-deſſus avec
la future comme vous le jugerez à propos....
Voilà ce que le pere m'écrit. Ce n'eſt pas
le tout; voici ce qui arrive: c'eſt que votre
ſœur inquiete de ſon côté ſur le chapitre de
Dorante, dont elle ignore le ſecret, m'a demandé de jouer ici la même comédie; &
cela préciſément pour obſerver Dorante,
comme Dorante veut l'obſerver. Qu'en dites-

vous ? Savez-vous rien de plus particulier
que cela ? Actuellement la Maîtresse & la
Suivante se travestissent. Que me conseillez-
vous, Mario ? Avertirai-je votre sœur, ou
non ?

M A R I O.

Ma foi, Monsieur, puisque les choses pren-
nent ce train-là, je ne voudrois pas les dé-
ranger ; & je respecterois l'idée qui leur est
inspirée à l'un & à l'autre : il faudra bien
qu'ils se parlent souvent tous deux sous ce
déguisement ; voyons si leur cœur ne les aver-
tiroit pas de ce qu'ils valent. Peut-être que
Dorante prendra du goût pour ma sœur,
toute Soubrette qu'elle sera ; & cela seroit
charmant pour elle.

M. O R G O N.

Nous verrons un peu comment elle se tirera
d'intrigue.

M A R I O.

C'est une aventure qui ne sauroit manquer
de nous divertir. Je veux me trouver au dé-
but, & les agacer tous deux.

SCENE V.

SILVIA, M. ORGON, MARIO.

SILVIA.

ME voilà, Monsieur; ai-je mauvaise grace en femme-de-chambre ? Et vous, mon frere, vous savez de quoi il s'agit, apparemment; comment me trouvez-vous ?

MARIO.

Ma foi, ma sœur, c'est autant de pris que le valet : mais tu pourrois bien aussi escamoter Dorante à ta maîtresse.

SILVIA.

Franchement, je ne haïrois pas de lui plaire sous le personnage que je joue; je ne serois pas fâchée de subjuguer sa raison, de l'étourdir un peu sur la distance qu'il y aura de lui à moi; si mes charmes font ce coup-là, ils me feront plaisir, je les estimerai : d'ailleurs, cela m'aideroit à démêler Dorante. A l'égard de son valet, je ne crains pas ses soupirs, ils n'oseront m'aborder; il y aura quelque chose dans ma physionomie qui inspirera plus de respect que d'amour à ce faquin-là.

MARIO.

Allons doucement, ma sœur; ce faquin-là sera votre égal.

M. ORGON.

Et ne manquera pas de t'aimer.

SILVIA.

Eh bien! l'honneur de lui plaire ne me sera pas inutile: les valets sont naturellement indiscrets, l'amour est babillard, & j'en ferai l'historien de son maître.

UN VALET.

Monsieur, il vient d'arriver un domestique qui demande à vous parler; il est suivi d'un crocheteur qui porte une valise.

M. ORGON.

Qu'il entre: c'est sans doute le valet de Dorante; son maître peut être resté au Bureau pour affaires. Où est Lisette?

SILVIA.

Lisette s'habille, & dans son miroir, nous trouve très-imprudens de lui livrer Dorante; elle aura bientôt fait.

M. ORGON.

Doucement, on vient.

SCENE VI.

DORANTE *en valet*, M. ORGON,
SILVIA, MARIO.

DORANTE.

JE cherche M. Orgon; n'est-ce pas à lui
que j'ai l'honneur de faire la révérence?

M. ORGON.

Oui, mon ami, c'est à lui-même.

DORANTE.

Monsieur, vous avez sans doute reçu de
nos nouvelles; j'appartiens à Monsieur Dorante, qui me suit, & qui m'envoye toujours
devant, vous assurer de ses respects, en attendant qu'il vous en assure lui-même.

M. ORGON.

Tu fais ta commission de fort bonne grace.
Lisette, que dis-tu de ce garçon-là?

SILVIA.

Moi, Monsieur, je dis qu'il est bien venu,
& qu'il promet.

DORANTE.

Vous avez bien de la bonté; je fais du
mieux qu'il m'est possible.

M A R I O.

Il n'eſt pas mal tourné, au moins : ton cœur n'a qu'à ſe bien tenir , Liſette.

S I L V I A.

Mon cœur ! c'eſt bien des affaires.

D O R A N T E.

Ne vous fâchez pas , Mademoiſelle ; ce que dit Monſieur ne m'en fait point accroire.

S I L V I A.

Cette modeſtie-là me plaît : continuez de même.

M A R I O.

Fort bien! Mais il me ſemble que ce nom de Mademoiſelle qu'il te donne eſt bien ſérieux. Entre gens comme vous, le ſtyle des complimens ne doit pas être ſi grave; vous ſeriez toujours ſur le quivive : allons, traitez-vous plus commodément. Tu as nom Liſette; & toi, mon garçon, comment t'appelles-tu ?

D O R A N T E.

Bourguignon, Monſieur, pour vous ſervir.

S I L V I A.

Eh bien! Bourguignon ſoit.

D O R A N T E.

Va donc pour Liſette; je n'en ſerai pas moins votre ſerviteur.

MARIO.

Votre ſerviteur ! ce n'eſt point encore là votre jargon ; c'eſt ton ſerviteur qu'il faut dire.

M. ORGON.

Ah, ah, ah, ah !

SILVIA, *bas à Mario.*

Vous me jouez, mon frere.

DORANTE.

A l'égard du tutoiement, j'attends les or-dres de Liſette.

SILVIA.

Fais comme tu voudras, Bourguignon ; voilà la glace rompue, puiſque cela diver-tit ces Meſſieurs.

DORANTE.

Je t'en remercie, Liſette ; & je réponds ſur le champ à l'honneur que tu me fais.

M. ORGON.

Courage, mes enfans ; ſi vous commencez à vous aimer, vous voilà débarraſſés des cé-rémonies.

MARIO.

Oh ! doucement ; s'aimer, c'eſt une autre affaire : vous ne ſavez peut-être pas que j'en veux au cœur de Liſette, moi qui vous par-le. Il eſt vrai qu'il m'eſt cruel ; mais je ne veux pas que Bourguignon aille ſur mes bri-ſées.

SILVIA.

Oui ! le prenez - vous fur ce ton - là ? Et moi, je veux que Bourguignon m'aime.

DORANTE.

Tu te fais tort de dire je veux, belle Lifette ; tu n'as pas befoin d'ordonner pour être fervie.

MARIO.

Monfieur Bourguignon, vous avez pillé cette galanterie - là quelque part.

DORANTE.

Vous avez raifon, Monfieur ; c'eft dans fes yeux que je l'ai prife.

MARIO.

Tais-toi, c'eft encore pis ; je te défends d'avoir tant d'efprit.

SILVIA.

Il ne l'a pas à vos dépens ; & s'il en trouve dans mes yeux, il n'a qu'à prendre.

M. ORGON.

Mon fils, vous perdrez votre procès ; retirons-nous ; Dorante va venir, allons le dire à ma fille ; & vous, Lifette, montrez à ce garçon l'appartement de fon Maître. Adieu, Bourguignon.

DORANTE.

Monfieur, vous me faites trop d'honneur.

SCENE VII.

SCENE VII.

SILVIA, DORANTE.

SILVIA, *à part.*

ILs se donnent la comédie : n'importe, mettons tout à profit ; ce garçon-ci n'est pas sot, & je ne plains pas la soubrette qui l'aura. Il va m'en conter ; laissons-le dire, pourvu qu'il m'instruise.

DORANTE, *à part.*

Cette fille-ci m'étonne ! Il n'y a point de femme au monde, à qui sa physionomie ne fît honneur : lions connoissance avec elle... (*haut.*) Puisque nous sommes dans le style amical, & que nous avons abjuré les façons, dis-moi, Lisette, ta Maîtresse te vaut-elle ? Elle est bien hardie d'oser avoir une femme-de-chambre comme toi.

SILVIA.

Bourguignon, cette question-là m'annonce que, suivant la coutume, tu arrives avec l'intention de me dire des douceurs, n'est-il pas vrai ?

B

DORANTE.

Ma foi, je n'étois pas venu dans ce deſ-
ſein-là, je te l'avoue : tout valet que je ſuis,
je n'ai jamais eu de grande liaiſon avec les
ſoubrettes : je n'aime pas l'eſprit domeſtique ; mais à ton égard, c'eſt une autre affaire. Comment donc ! tu me ſoumets, je
ſuis preſque timide : ma familiarité n'oſe-
roit s'apprivoiſer avec toi ; j'ai toujours envie d'ôter mon chapeau de deſſus ma tête ;
& quand je te tutoie, il me ſemble que je
joue : enfin, j'ai un penchant à te traiter
avec des reſpects qui te feroient rire. Quelle
eſpece de ſuivante es-tu donc, avec ton air
de Princeſſe ?

SILVIA.

Tiens, tout ce que tu dis avoir ſenti en
me voyant, eſt préciſément l'hiſtoire de tous
les valets qui m'ont vue.

DORANTE.

Ma foi, je ne ſerois pas ſurpris quand ce
ſeroit auſſi l'hiſtoire de tous les maîtres.

SILVIA.

Le trait eſt joli, aſſurément ; mais je te
le répéte encore, je ne ſuis pas faite aux ca-
joleries de ceux, dont la garde-robe reſſem-
ble à la tienne.

DORANTE.

C'est-à-dire que ma parure ne te plaît pas?

SILVIA.

Non, Bourguignon; laissons-là l'amour, & soyons bons amis.

DORANTE.

Rien que cela? ton petit traité n'est composé que de deux clauses impossibles.

SILVIA, *à part*.

Quel homme pour un valet! (*haut.*) Il faut pourtant qu'il s'exécute; on m'a prédit que je n'épouserai jamais qu'un homme de condition, & j'ai juré depuis de n'en écouter jamais d'autres.

DORANTE.

Parbleu, cela est plaisant! Ce que tu as juré pour homme, je l'ai juré pour femme, moi; j'ai fait serment de n'aimer sérieusement qu'une fille de condition.

SILVIA.

Ne t'écarte donc pas de ton projet.

DORANTE.

Je ne m'en écarte peut-être pas tant que nous le croyons. Tu as l'air bien distingué; & l'on est quelquefois fille de condition sans le savoir.

S I L V I A.

Ha, ha, ha! je te remercierois de ton éloge, ſi ma mere n'en faiſoit pas les frais.

D O R A N T E.

Eh bien! venge-t-en ſur la mienne, ſi tu me trouves aſſez bonne mine pour cela.

S I L V I A, *à part.*

Il le mériteroit. (*haut.*) Mais ce n'eſt pas là de quoi il eſt queſtion : treve de badinage ; c'eſt un homme de condition qui m'eſt prédit pour époux, & je n'en rabattrai rien.

D O R A N T E.

Parbleu! ſi j'étois tel, la prédiction me menaceroit; j'aurois peur de la vérifier : je n'ai point de foi à l'aſtrologie ; mais j'en ai beaucoup à ton viſage.

S I L V I A, *à part.*

Il ne tarit point. . . . . . (*haut.*) Finiras-tu? Que t'importe la prédiction, puiſqu'elle t'exclut ?

D O R A N T E.

Elle n'a pas prédit que je ne t'aimerois point.

S I L V I A.

Non ; mais elle a dit que tu n'y gagnerois rien ; & moi, je te le confirme.

DORANTE.

Tu fais fort bien, Lisette : cette fierté-là te va à merveille ; & quoiqu'elle me fasse mon procès, je suis pourtant bien aise de te la voir ; je te l'ai souhaitée d'abord que je t'ai vue. Il te falloit encore cette grace-là ; & je me console d'y perdre, parce que tu y gagnes.

SILVIA, *à part.*

Mais, en vérité, voilà un garçon qui me surprend, malgré que j'en aie... (*haut.*) Dis-moi ; qui es-tu, toi, qui me parles ainsi ?

DORANTE.

Le fils d'honnêtes gens, qui n'étoient pas riches.

SILVIA.

Va, je te souhaite de bon cœur une meilleure situation que la tienne, & je voudrois pouvoir y contribuer : la fortune a tort avec toi.

DORANTE.

Ma foi, l'amour a plus de tort qu'elle : j'aimerois mieux qu'il me fut permis de te demander ton cœur, que d'avoir tous les biens du monde.

SILVIA, *à part.*

Nous voilà, grace au Ciel, en conversa-

tion réglée. (*haut.*) Bourguignon, je ne faurois me fâcher des difcours que tu me tiens;
mais je t'en prie, changeons d'entretien. Venons à ton maître. Tu peux te paffer de me
parler d'amour, je penfe?

DORANTE.

Tu pourrois bien te paffer de m'en faire
fentir, toi.

SILVIA.

Ahi! je me fâcherai: tu m'impatientes:
encore une fois, laiffe-là ton amour.

DORANTE.

Quitte donc ta figure.

SILVIA, *à part.*

A la fin, je crois qu'il m'amufe... (*haut.*) Eh
bien, Bourguignon, tu ne veux donc pas finir? faudra-t-il que je te quitte? (*à part.*) Je
devrois déjà l'avoir fait.

DORANTE.

Attends, Lifette, je voulois moi-même
te parler d'autre chofe; mais je ne fais plus
ce que c'eft.

SILVIA.

J'avois de mon côté quelque chofe à te
dire; mais tu m'as fait perdre mes idées auffi,
à moi.

DORANTE.

Je me rappelle de t'avoir demandé fi ta
maîtreffe te valoit.

S I L V I A.

Tu reviens à ton chemin par un détour : adieu.

D O R A N T E.

Et non, te dis-je, Lisette ; il ne s'agit ici que de mon maître.

S I L V I A.

Eh bien ! soit ; je voulois te parler de lui aussi, & j'espere que tu voudras bien me dire confidemment ce qu'il est. Ton attachement pour lui m'en donne bonne opinion : il faut qu'il ait du mérite, puisque tu le sers.

D O R A N T E.

Tu me permettras peut-être bien de te remercier de ce que tu me dis-là, par exemple.

S I L V I A.

Veux-tu bien ne prendre pas garde à l'imprudence que j'ai eue de le dire ?

D O R A N T E.

Voilà encore de ces réponses qui m'emportent : fais comme tu voudras, je n'y résiste point ; & je suis bien malheureux de me trouver arrêté par tout ce qu'il y a de plus aimable au monde.

S I L V I A.

Et moi, je voudrois bien savoir comment

B 4

il se fait que j'ai la bonté de t'écouter ; car
assurément cela est singulier.

DORANTE.

Tu as raison, notre aventure est unique.

SILVIA, *à part*.

Malgré tout ce qu'il m'a dit, je ne suis
point partie ; je ne pars point, me voilà encore, & je réponds ; en vérité, cela passe la
raillerie. (*haut.*) Adieu.

DORANTE.

Achevons donc ce que nous voulions dire.

SILVIA.

Adieu, te dis-je ; plus de quartier. Quand
ton maître sera venu, je tâcherai, en faveur
de ma maîtresse, de le connoître par moi-
même, s'il en vaut la peine. En attendant,
tu vois cet appartement ; c'est le vôtre.

DORANTE.

Tiens, voici mon maître.

SCENE VIII.

DORANTE, SILVIA, ARLEQUIN.

ARLEQUIN.

AH ! te voilà, Bourguignon. Mon por-
te-manteau & toi, avez-vous été bien reçus
ici ?

DORANTE.

Il n'étoit pas possible qu'on nous reçut mal, Monsieur.

ARLEQUIN.

Un Domestique là-bas m'a dit d'entrer ici, & qu'on alloit avertir mon beau-pere, qui étoit avec ma femme.

SILVIA.

Vous voulez dire Monsieur Orgon & sa fille, sans doute, Monsieur ?

ARLEQUIN.

Et oui, mon beau-pere & ma femme, autant vaut. Je viens pour épouser ; & ils m'attendent pour être marié : cela est convenu ; il ne manque plus que la cérémonie, qui est une bagatelle.

SILVIA.

C'est une bagatelle qui vaut bien la peine qu'on y pense.

ARLEQUIN.

Oui ; mais quand on y a pensé, on n'y pense plus.

SILVIA, *bas à Dorante.*

Bourguignon, on est homme de mérite à bon marché chez vous, ce me semble.

ARLEQUIN.

Que dites-vous là à mon valet, la belle ?

B 5

SILVIA.

Rien : je lui dis feulement que je vais faire
defcendre Monfieur Orgon.

ARLEQUIN.

Et pourquoi ne pas dire mon beau-pere,
comme moi?

SILVIA.

C'eft qu'il ne l'eft pas encore.

DORANTE.

Elle a raifon, Monfieur; le mariage n'eft
pas fait.

ARLEQUIN.

Eh bien ! me voilà pour le faire.

DORANTE.

Attendez donc qu'il foit fait.

ARLEQUIN.

Pardi ! voilà bien des façons, pour un beau-
pere de la veille ou du lendemain !

SILVIA.

En effet, quelle fi grande différence y a-t-
il entre être marié ou ne l'être pas? Oui,
Monfieur, nous avons tort ; & je cours in-
former votre beau-pere de votre arrivée.

ARLEQUIN.

Et ma femme auffi , je vous prie. Mais
avant que de partir, dites-moi une chofe :
vous, qui êtes fi jolie, n'êtes-vous pas la foubrette de l'Hôtel?

SILVIA.

Vous l'avez dit.

ARLEQUIN.

C'est fort bien fait; je m'en réjouis. Croyez-vous que je plaise ici? Comment me trouvez-vous?

SILVIA.

Je vous trouve... plaisant.

ARLEQUIN.

Bon, tant mieux; entretenez-vous dans ce sentiment-là, il pourra trouver sa place.

SILVIA.

Vous êtes bien modeste de vous en contenter; mais je vous quitte: il faut qu'on ait oublié d'avertir votre beau-pere, car assurément il seroit venu: & j'y vais.

ARLEQUIN.

Dites-lui que je l'attends avec affection.

SILVIA, *à part.*

Que le sort est bizarre! aucun de ces deux hommes n'est à sa place.

SCENE IX.

DORANTE, ARLEQUIN.

ARLEQUIN.

EH bien ! Monſieur, mon commencement va bien : je plais déjà à la ſoubrette.

DORANTE.

Butord que tu es !

ARLEQUIN.

Pourquoi donc ? mon entrée eſt ſi gentille.

DORANTE.

Tu m'avois tant promis de laiſſer là tes façons de parler ſottes & triviales. Je ne t'avois
recommandé que d'être ſérieux. Va, je vois
bien que je ſuis un étourdi de m'en être fié
à toi.

ARLEQUIN.

Je ferai encore mieux dans les ſuites : &
puiſque le ſérieux n'eſt pas ſuffiſant, je don-
nerai du mélancolique ; je pleurerai, s'il le
faut.

DORANTE.

Je ne ſais plus où j'en ſuis ; cette aventure-
ci m'étourdit : que faut-il que je faſſe ?

ARLEQUIN.

Eſt-ce que la fille n'eſt pas plaiſante ?

DORANTE.

Tais-toi ; voici Monſieur Orgon qui vient.

SCENE X.

M. ORGON, DORANTE, ARLEQUIN.

M. ORGON.

MON cher Monſieur, je vous demande mille pardons de vous avoir fait attendre ; mais ce n'eſt que de cet inſtant que j'apprends que vous êtes ici.

ARLEQUIN.

Monſieur, mille pardons, c'eſt beaucoup trop ; & il n'en faut qu'un, quand on n'a fait qu'une faute : au ſurplus, tous mes pardons ſont à votre ſervice.

M. ORGON.

Je tâcherai de n'en avoir pas beſoin.

ARLEQUIN.

Vous êtes le maître, & moi, votre ſervi-teur.

M. ORGON.

Je suis, je vous assure, charmé de vous voir, & je vous attendois avec impatience.

ARLEQUIN.

Je serois d'abord venu ici avec Bourguignon : mais quand on arrive de voyage, vous savez qu'on est si mal bâti ; & j'étois bien aise de me présenter dans un état plus ragoûtant.

M. ORGON.

Vous y avez fort bien réussi. Ma fille s'habille ; elle a été un peu indisposée ; en attendant qu'elle descende, voulez-vous vous rafraîchir ?

ARLEQUIN.

Oh ! je n'ai jamais refusé de trinquer avec personne.

M. ORGON.

Bourguignon, ayez soin de vous, mon garçon.

ARLEQUIN.

Le gaillard est gourmet ; il boira du meilleur.

M. ORGON.

Qu'il ne l'épargne pas.

Fin du premier Acte.

ACTE II.

SCENE PREMIERE.

LISETTE, M. ORGON.

M. ORGON.

EH bien! que me veux-tu, Lisette?

LISETTE.

J'ai à vous entretenir un moment.

M. ORGON.

De quoi s'agit-il?

LISETTE.

De vous dire l'état où sont les choses, parce qu'il est important que vous en soyez éclairci, afin que vous n'ayez point à vous plaindre de moi.

M. ORGON.

Ceci est donc bien sérieux?

LISETTE.

Oui, très-sérieux. Vous avez consenti au déguisement de Mademoiselle Silvia; moi-même, je l'ai trouvé d'abord sans conséquence; mais je me suis trompé.

M. ORGON.

Et de quelle conséquence est-il donc ?

LISETTE.

Monsieur, on a de la peine à se louer soi-même : mais, malgré toutes les regles de la modestie, il faut pourtant que je vous dise que, si vous ne mettez ordre à ce qui arrive, votre prétendu gendre n'aura plus de cœur à donner à Mademoiselle votre fille. Il est tems qu'elle se déclare, cela presse ; car un jour plus tard, je n'en réponds plus.

M. ORGON.

Eh ! d'où vient qu'il ne voudra plus de ma fille, quand il la connoîtra ? Te défies-tu de ses charmes ?

LISETTE.

Non ; mais vous ne vous méfiez pas assez des miens. Je vous avertis qu'ils vont leur train, & que je ne vous conseille pas de les laisser faire.

M. ORGON.

Je vous en fais mes complimens, Lisette. (*il rit*.) ah, ah, ah !

LISETTE.

Nous y voilà ; vous plaisantez, Monsieur, vous vous moquez de moi : j'en suis fâchée ; car vous y serez pris.

M. ORGON.

Ne t'en embarrasse pas, Lisette, va ton chemin.

LISETTE.

Je vous le répéte encore, le cœur de Dorante va bien vîte. Tenez, actuellement je lui plais beaucoup ; ce soir il m'aimera ; il m'adorera demain : je ne le mérite pas, il est de mauvais goût, vous en direz ce qu'il vous plaira ; mais cela ne laissera pas que d'être. Voyez-vous, demain je me garantis adorée.

M. ORGON.

Eh bien ! que vous importe ? S'il vous aime tant ; qu'il vous épouse.

LISETTE.

Quoi ! vous ne l'en empêcheriez pas ?

M. ORGON.

Non, d'homme d'honneur, si tu le menes jusques-là.

LISETTE.

Monsieur, prenez-y garde : jusqu'ici je n'ai pas aidé à mes appas, je les ai laissé faire tout seuls ; j'ai ménagé sa tête ; si je m'en mêle, je la renverse : il n'y aura plus de remede.

M. ORGON.

Renverse, ravage, brûle, enfin épouse, je te le permets, si tu le peux.

LISETTE.

Sur ce pied-là , je compte ma fortune faite.

M. ORGON.

Mais dis-moi : ma fille t'a-t-elle parlé ?
Que pense-t-elle de son prétendu ?

LISETTE.

Nous n'avons encore gueres trouvé le moment de nous parler ; car ce prétendu m'ob-
sede : mais à vue de pays , je ne la crois pas
contente ; je la trouve triste , rêveuse ; & je
m'attends bien qu'elle me priera de le rebuter.

M. ORGON.

Et moi, je te le défends. J'évite de m'expliquer avec elle ; j'ai mes raisons pour faire
durer ce déguisement ; je veux qu'elle exa-
mine son futur plus à loisir. Mais le valet,
comment se gouverne-t-il ? Ne se mêle-t-il
pas d'aimer ma fille ?

LISETTE.

C'est un original : j'ai remarqué qu'il fait
l'homme de conséquence avec elle, parce qu'il
est bien fait : il la regarde , & soupire.

M. ORGON.

Et cela la fâche.

LISETTE.

Mais.... elle rougit.

M. ORGON.

Bon ! tu te trompes ; les regards d'un valet ne l'embarraſſent pas juſques-là.

LISETTE.

Monſieur, elle rougit.

M. ORGON.

C'eſt donc d'indignation.

LISETTE.

A la bonne heure.

M. ORGON.

Et bien, quand tu lui parleras, dis-lui que
tu ſoupçonnes ce valet de la prévenir contre
ſon maître ; & ſi elle ſe fâche, ne t'en inquiette point, ce ſont mes affaires. Mais voici Dorante, qui te cherche, apparemment.

SCENE II.

LISETTE, ARLEQUIN, M. ORGON.

ARLEQUIN.

AH ! je vous trouve, merveilleuſe Dame ;
je vous demandois à tout le monde. Serviteur, cher beau-pere, ou peu s'en faut.

M. ORGON.

Serviteur. Adieu, mes enfans : je vous laiffe enfemble ; il eft bon que vous vous aimiez
un peu, avant que de vous marier.

ARLEQUIN.

Je ferois bien ces deux befognes-là à la
fois, moi.

M. ORGON.

Point d'impatience : adieu.

SCENE III.

LISETTE, ARLEQUIN.

ARLEQUIN.

MADAME, il dit que je ne m'impatiente
pas ; il en parle bien à fon aife, le bon-hom-
me.

LISETTE.

J'ai de la peine à croire qu'il vous en coûte
tant d'attendre, Monfieur : c'eft par galanterie que vous faites l'impatient : à peine êtes-
vous arrivé ! Votre amour ne fauroit être bien
fort ; ce n'eft tout au plus qu'un amour naif-
fant.

ARLEQUIN.

Vous vous trompez, prodige de nos jours !
un amour de votre façon ne reste pas long-
tems au berceau ; votre premier coup d'œil
a fait naître le mien ; le second lui a donné
des forces, & le troisiéme l'a rendu grand
garçon ; tâchons de l'établir au plus vîte : ayez
foin de lui, puifque vous êtes fa mere.

LISETTE.

Trouvez-vous qu'on le maltraite ? eft-il fi
abandonné ?

ARLEQUIN.

En attendant qu'il foit pourvu, donnez-lui
feulement votre belle main blanche, pour
l'amufer un peu.

LISETTE.

Tenez donc, petit importun, puifqu'on ne
fauroit avoir la paix, qu'en vous amufant.

ARLEQUIN, *lui baifant la main.*

Cher jou-jou de mon ame ! cela me réjouit
comme du vin délicieux. Quel dommage
de n'en avoir que roquille.

LISETTE.

Allons, arrêtez-vous, vous êtes trop avide.

ARLEQUIN.

Je ne demande qu'à me foutenir, en attendant que je vive.

LISETTE.

Ne faut-il pas avoir de la raison?

ARLEQUIN.

De la raison! hélas! je l'ai perdue: vos beaux yeux sont les filous qui me l'ont volée.

LISETTE.

Mais est-il possible que vous m'aimiez tant? je ne saurois me le persuader.

ARLEQUIN.

Je ne me soucie pas de ce qui est possible, moi; mais je vous aime comme un perdu, & vous verrez bien dans votre miroir que cela est juste.

LISETTE.

Mon miroir ne serviroit qu'à me rendre plus incrédule.

ARLEQUIN.

Ah! mignone! adorable! votre humilité ne seroit donc qu'une hypocrite!

LISETTE.

Quelqu'un vient à nous, c'est votre valet.

SCENE IV.

DORANTE, ARLEQUIN, LISETTE.

DORANTE.

Monsieur, pourrois-je vous entretenir un moment?

ARLEQUIN.

Non : maudite soit la valetaille qui ne sauroit nous laisser en repos.

LISETTE.

Voyez ce qu'il vous veut, Monsieur.

DORANTE.

Je n'ai qu'un mot à vous dire.

ARLEQUIN.

Madame, s'il en dit deux, son congé fera le troisiéme. Voyons?

DORANTE, *bas à Arlequin.*

Viens donc, impertinent.

ARLEQUIN, *bas à Dorante.*

Ce sont des injures, & non pas des mots, cela... (*à Lisette.*) Ma reine, excusez.

LISETTE.

Faites, faites.

DORANTE.

Débarrasse-moi de tout ceci : ne te livre

point : paroîs férieux & rêveur , & même mécontent : entends-tu ?

A R L E Q U I N.

Oui , mon ami ; ne vous inquiettez-pas , & retirez - vous.

SCENE V.

A R L E Q U I N, L I S E T T E.

A R L E Q U I N.

AH , Madame ! fans lui j'allois vous dire de belles chofes ! & je n'en trouverai plus que de communes à cette heure , hormis mon amour qui eft extraordinaire. Mais à propos de mon amour, quand eft-ce que le vôtre lui tiendra compagnie ?

L I S E T T E.

Il faut efpérer que cela viendra.

A R L E Q U I N.

Et croyez-vous que cela vienne ?

L I S E T T E.

La queftion eft vive : favez-vous bien que vous m'embarraffez ?

A R L E Q U I N.

Que voulez-vous : je brûle & je crie au feu.

LISETTE.

LISETTE.

S'il m'étoit permis de m'expliquer si vîte.

ARLEQUIN.

Je suis du sentiment que vous le pouvez en conscience.

LISETTE.

La retenue de mon sexe ne le veut pas.

ARLEQUIN.

Ce n'est donc pas la retenue d'à présent, qui donne bien d'autres permissions.

LISETTE.

Mais que me demandez-vous?

ARLEQUIN.

Dites-moi un petit brin que vous m'aimez: tenez, je vous aime, moi: faites l'écho; répétez, Princesse.

LISETTE.

Quel insatiable! Eh bien! Monsieur, je vous aime.

ARLEQUIN.

Eh bien! Madame, je me meurs; mon bonheur me confond; j'ai peur d'en courir les champs. Vous m'aimez! cela est admirable.

LISETTE.

J'aurois lieu à mon tour d'être étonnée de la promptitude de votre hommage. Peut-

C

être m'aimerez-vous moins, quand nous nous connoîtrons mieux.

ARLEQUIN.

Ah! Madame, quand nous en ferons-là, j'y perdrai beaucoup; il y aura bien à décompter.

LISETTE.

Vous me croyez plus de qualités que je n'en ai.

ARLEQUIN.

Et vous, Madame, vous ne favez pas les miennes; & je ne devrois vous parler qu'à genoux.

LISETTE.

Souvenez-vous qu'on n'eft pas les maîtres de fon fort.

ARLEQUIN.

Les peres & meres font tout à leur tête.

LISETTE.

Pour moi, mon cœur vous auroit choifi, dans quelque état que vous euffiez été.

ARLEQUIN.

Il a beau jeu pour me choifir encore.

LISETTE.

Puis-je me flatter que vous êtes de même à mon égard?

ARLEQUIN.

Hélas ! quand vous ne feriez que Perrette
ou Margot ; quand je vous aurois vu, le mar-
tinet à la main, defcendre à la cave, vous
auriez toujours été ma Princeffe.

LISETTE.

Puiffent de fi beaux fentimens être dura-
bles !

ARLEQUIN.

Pour les fortifier de part & d'autre, ju-
rons-nous de nous aimer toujours, en dépit de
toutes les fautes d'orthographe que vous aurez
faites fur mon compte.

LISETTE.

J'ai plus d'intérêt à ce ferment-là que vous;
& je le fais de tout mon cœur.

ARLEQUIN *fe met à genoux.*

Votre bonté m'éblouit, & je me profterne
devant elle.

LISETTE.

Arrêtez-vous, je ne faurois vous fouffrir
dans cette pofture-là ; je ferois ridicule de
vous y laiffer : levez-vous. Voilà encore quelqu'un.

❖

SCENE VI.

LISETTE, ARLEQUIN, SILVIA.

LISETTE.

QUE voulez-vous, Lisette?

SILVIA.

J'aurois à vous parler, Madame.

ARLEQUIN.

Ne voilà-t-il pas! Hé! ma mie, revenez dans un quart-d'heure, allez : les Femmes-de-chambre de mon pays n'entrent point qu'on ne les appelle.

SILVIA.

Monsieur, il faut que je parle à Madame.

ARLEQUIN.

Mais voyez l'opiniâtre Soubrette! Reine de ma vie, renvoyez-la. Retournez-vous-en, ma fille : nous avons ordre de nous aimer avant qu'on nous marie; n'interrompez point nos fonctions.

LISETTE.

Ne pouvez-vous pas revenir dans un moment, Lisette?

SILVIA.

Mais, Madame...

ARLEQUIN.

Mais. Ce mais-là n'est bon qu'à me donner
la fievre.

SILVIA.

(*Apart.*) Ah! le vilain homme! (*haut.*) Madame, je vous assure que cela est pressé.

LISETTE.

Permettez donc que je m'en défasse, Monsieur.

ARLEQUIN.

Puisque le diable le veut & elle aussi....
Patience.... je me promenerai en attendant
qu'elle ait faite. Ah! les sottes gens que nos
gens!

SCENE VII.

SILVIA, LISETTE.

SILVIA.

JE vous trouve admirable, de ne pas le
renvoyer tout d'un coup, & de me faire
essuyer les brutalités de cet animal-là!

LISETTE.

Pardi, Madame, je ne puis pas jouer deux rolles à la fois: il faut que je paroiffe ou la Maîtreffe, ou la Suivante; que j'obéiffe ou que j'ordonne.

SILVIA.

Fort bien. Mais puifqu'il n'y eft plus, écoutez-moi comme votre Maîtreffe. Vous voyez bien que cet homme-là ne vous convient point.

LISETTE.

Vous n'avez pas eu le tems de l'examiner beaucoup.

SILVIA.

Etes-vous folle, avec votre examen? Eft-il néceffaire de le voir deux fois pour juger du peu de convenance? En un mot, je n'en veux point. Apparemment que mon pere n'approuve pas la répugnance qu'il me voit; car il me fuit, & ne me dit mot. Dans cette conjoncture, c'eft à vous à me tirer tout doucement d'affaire, en témoignant adroitement à ce jeune homme que vous n'êtes pas dans le goût de l'époufer.

LISETTE.

Je ne faurois, Madame.

SILVIA.

Vous ne fauriez? Et qu'eft-ce qui vous en empêche?

LISETTE.

Monſieur Orgon me l'a défendu.

SILVIA.

Il vous l'a défendu ? Mais je ne reconnois point mon pere à ce procédé-là ?

LISETTE.

Poſitivement défendu.

SILVIA.

Eh bien ! je vous charge de lui dire mes dégoûts, & de l'aſſurer qu'ils ſont invincibles : je ne ſaurois me perſuader qu'après cela il veuille pouſſer les choſes plus loin.

LISETTE.

Mais, Madame, le futur, qu'a-t-il donc de ſi déſagréable, de ſi rebutant ?

SILVIA.

Il me déplaît, vous dis-je ; & votre peu de zele auſſi.

LISETTE.

Donnez-vous le tems de voir ce qu'il eſt ; voilà tout ce qu'on vous demande.

SILVIA.

Je le hais aſſez, ſans prendre du tems pour le haïr davantage.

LISETTE.

Son valet, qui fait l'important, ne vous

C 4

auroit-il point gâté l'esprit sur son compte?

SILVIA.

Hum, la sotte! Son valet a bien affaire
ici!

LISETTE.

C'est que je me méfie de lui ; car il est
raisonneur.

SILVIA.

Finissez vos portraits, on n'en a que faire.
J'ai soin que ce valet me parle peu : & dans
le peu qu'il m'a dit , il ne m'a jamais rien
dit que de très-sage.

LISETTE.

Je crois qu'il est homme à vous avoir conté
des histoires mal-adroites , pour faire briller
son bel esprit.

SILVIA.

Mon déguisement ne m'expose-t-il pas à
m'entendre dire de jolies choses? A qui en
avez-vous? D'où vous vient la manie d'im-
puter à ce garçon une répugnance à laquelle
il n'a point de part ? Car enfin , vous m'o-
bligez à le justifier. Il n'est pas question de
le brouiller avec son maître, ni d'en faire un
fourbe, pour me faire une imbécille, moi,
qui écoute ses histoires.

LISETTE.

Oh! Madame, dès que vous le défendez
fur ce ton-là, & que cela va jufqu'à vous
fâcher, je n'ai plus rien à dire.

SILVIA.

Dès que je le défends fur ce ton-là? Qu'eft-
ce que c'eft que le ton dont vous dites cela
vous-même? Qu'entendez-vous par ce difcours? Que fe paffe-t-il dans votre efprit?

LISETTE.

Je dis, Madame, que je ne vous ai jamais
vûe comme vous-êtes, & que je ne conçois
rien à votre aigreur. Eh bien! fi ce valet n'a
rien dit, à la bonne heure; il ne faut pas
vous emporter pour le juftifier; je vous crois,
voilà qui eft fini; je ne m'oppofe pas à la bonne opinion que vous ayez, moi.

SILVIA.

Voyez-vous le mauvais efprit! comme elle
tourne les chofes! Je me fens dans une indignation.... qui.... va jufqu'aux larmes.

LISETTE.

En quoi donc, Madame? Quelle fineffe
entendez-vous à ce que je dis,

C 5

SILVIA.

Moi, j'y entends fineſſe ! moi, je vous querelle pour lui ! j'ai bonne opinion de lui ! Vous me manquez de reſpect juſques-là ! Bonne opinion, juſte Ciel ! bonne opinion ! Que faut-il que je réponde à cela ? Qu'eſt-ce que cela veut dire ? A qui parlez - vous ? Qui eſt-ce qui eſt à l'abri de ce qui m'arrive ? Où en ſommes-nous ?

LISETTE.

Je n'en ſais rien : mais je ne reviendrai de long - tems de la ſurpriſe où vous me jettez.

SILVIA.

Elle a des façons de parler qui me mettent hors de moi. Retirez-vous, vous m'êtes inſupportable ; laiſſez-moi, je prendrai d'autres meſures.

SCENE VIII.

SILVIA.

JE friſſonne encore de ce que je lui ai entendu dire. Avec quelle impudence les domeſtiques ne nous traitent-ils pas dans leur eſprit ! Comme ces gens-là vous dégradent ?

Je ne saurois m'en remettre ; je n'oserois songer aux termes dont elle s'est servie, ils me font toujours peur. Il s'agit d'un valet ! ah ! l'étrange chose ! Ecartons l'idée dont cette insolence est venue me noircir l'imagination. Voici Bourguignon ; voilà cet objet en question, pour lequel je m'emporte : mais ce n'est pas sa faute, le pauvre garçon ; & je ne dois pas m'en prendre à lui.

SCENE IX.

DORANTE, SILVIA.

DORANTE.

LIsette, quelque éloignement que tu ayes pour moi, je suis forcé de te parler ; je crois que j'ai à me plaindre de toi.

SILVIA.

Bourguignon, ne nous tutoyons plus, je t'en prie.

DORANTE.

Comme tu voudras.

SILVIA.

Tu n'en fais pourtant rien.

C 6

DORANTE.

Ni toi non plus : tu me dis, je t'en prie.

SILVIA.

C'eſt que cela m'eſt échappé.

DORANTE.

Eh bien ! crois-moi, parlons comme nous pourrons ; ce n'eſt pas la peine de nous gêner pour le peu de tems que nous avons à nous voir.

SILVIA.

Eſt-ce que ton Maître s'en va ? Il n'y auroit pas grande perte.

DORANTE.

Ni à moi non plus, n'eſt-il pas vrai ? J'acheve ta penſée.

SILVIA.

Je l'acheverois bien moi-même, ſi j'en avois envie ; mais je ne ſonge pas à toi.

DORANTE.

Et moi, je ne te perds point de vûe.

SILVIA.

Tiens, Bourguignon, une bonne fois pour toutes, demeure, va-t-en, reviens, tout cela doit m'être indifférent, & me l'eſt en effet : je ne te veux ni bien, ni mal ; je ne te hais, ni ne t'aime, ni ne t'aimerai, à moins que l'eſprit ne me tourne. Voilà mes

difpofitions; ma raifon ne m'en permet point
d'autres; & je devrois me difpenfer de te le
dire.

DORANTE.

Mon malheur eft inconcevable : Tu m'ô-
tes, peut-être, tout le repos de ma vie.

SILVIA.

Quelle fantaifie il s'eft allé mettre dans
l'efprit ! Il me fait de la peine. Reviens à
toi : Tu me parles, je te réponds, c'eft
beaucoup, c'eft trop même, tu peux m'en
croire; & fi tu étois inftruit, en vérité tu
ferois content de moi; tu me trouverois
d'une bonté fans exemple, d'une bonté que
je blâmerois dans une autre : je ne me la
reproche pourtant pas; le fond de mon cœur
me raffure, ce que je fais eft louable; c'eft
par générofité que je te parle; mais il ne
faut pas que cela dure; ces générofités-là
ne font bonnes qu'en paffant; & je ne fuis
pas faite pour me raffurer toujours fur l'in-
nocence de mes intentions; à la fin, cela
ne reffembleroit plus à rien. Ainfi finiffons,
Bourguignon; finiffons, je t'en prie : qu'eft-
ce que cela fignifie ? c'eft ce moquer : allons, qu'il n'en foit plus parlé.

DORANTE.

Ah! ma chere Lifette, que je fouffre!

S I L V I A.

Venons à ce que tu voulois me dire : Tu
te plaignois de moi, quand tu es entré ; de
quoi étoit-il queſtion ?

D O R A N T E.

De rien, d'une bagatelle ; j'avois envie de
te voir, & je crois que je n'ai pris qu'un prétexte.

S I L V I A, *à part.*

Que dire à cela ! Quand je me fâcherois,
il n'en feroit ni plus ni moins.

D O R A N T E.

Ta Maîtreſſe, en partant, a paru m'accu-
ſer de t'avoir parlé au déſavantage de mon
Maître.

S I L V I A.

Elle ſe l'imagine : & ſi elle t'en parle encore, tu peux le nier hardiment ; je me charge du reſte.

D O R A N T E.

Eh ! ce n'eſt pas cela qui m'occupe.

S I L V I A.

Si tu n'as que cela à me dire, nous n'a-
vons plus que faire enſemble.

D O R A N T E.

Laiſſe - moi du moins le plaiſir de te voir.

S I L V I A.

Le beau motif qu'il me fournit - là ! J'a-

muferai la paffion de Bourguignon ! Le fouvenir de tout ceci me fera bien rire un jour.

DORANTE.

Tu me railles, tu as raifon ; je ne fais
ce que je dis, ni ce que je te demande.
Adieu.

SILVIA.

Adieu ; tu prends le bon parti .... Mais à
propos de tes adieux, il me refte encore une
chofe à favoir: Vous partez, mas-tu dit; cela
eft-il férieux ?

DORANTE.

Pour moi, il faut que je parte, ou que la
tête me tourne.

SILVIA.

Je ne t'arrêtois pas pour cette réponfe-là,
par exemple.

DORANTE.

Et je n'ai fait qu'une faute : c'eft de n'être
pas parti dès que je t'ai vûe.

SILVIA, *à part.*

J'ai befoin à tout moment d'oublier que je
l'écoute.

DORANTE.

Si tu favois, Lifette, l'état où je me trouve.....

SILVIA.

Oh ! il n'eft pas fi curieux à favoir que le
mien, je t'en affure.

DORANTE.

Que peux-tu me reprocher ? je ne me propose pas de te rendre sensible.

SILVIA, *à part.*

Il ne faudroit pas s'y fier.

DORANTE.

Et que pourrois-je espérer en tâchant de me faire aimer ? hélas ! quand même j'aurois ton cœur.....

SILVIA.

Que le Ciel m'en préserve ! quand tu l'aurois, tu ne le saurois pas ; & je ferois si bien, que je ne le saurois pas moi-même. Tenez, quelle idée il lui vient-là !

DORANTE.

Il est donc bien vrai que tu ne me hais, ni ne m'aimes, ni ne m'aimeras ?

SILVIA.

Sans difficulté.

DORANTE.

Sans difficulté ! Qu'ai-je donc de si affreux ?

SILVIA.

Rien, ce n'est pas-là ce qui te nuit.

DORANTE.

Eh bien ! chere Lisette, dis-le moi cent fois, que tu ne m'aimeras point.

SILVIA.

Oh ! je te l'ai affez dit; tâche de me croire.

DORANTE.

Il faut que je le croye ! Défefpere une paffion dangereufe , fauve - moi des effets que
j'en crains ; tu ne me hais, ni ne m'aimes ,
ni ne m'aimeras ! accable mon cœur de cette certitude - là ! j'agis de bonne foi , donne-
moi du fecours contre moi - même : il m'eft
néceffaire , je te le demande à genoux.

Il fe jette à genoux. Dans ce moment, M. Orgon
& Mario entrent , & ne difent mot.

SCENE X.

M. ORGON , MARIO , SILVIA ,
DORANTE.

SILVIA.

AH ! nous y voilà ! il ne manquoit plus
que cette façon - là à mon aventure. Que je
fuis malheureufe! c'eft ma facilité qui le place-
là. Leve - toi donc , Bourguignon , je t'en
conjure; il peut venir quelqu'un. Je dirai ce
qu'il te plaira : que me veux - tu ? je ne te hais
point. Leve-toi; je t'aimerois fi je pouvois :

tu ne me déplais point, cela doit te suffire.

DORANTE.

Quoi ! Lisette, si je n'étois pas ce que je suis, si j'étois riche, d'une condition honnête, & que je t'aimâsse autant que je t'aime, ton cœur n'auroit point de répugnance pour moi ?

SILVIA.

Assurément.

DORANTE.

Tu ne me haïrois pas ? tu me souffrirois ?

SILVIA.

Volontiers. Mais leve-toi.

DORANTE.

Tu parois le dire sérieusement ; & si cela est, ma raison est perdue.

SILVIA.

Je dis ce que tu veux, & tu ne te leves point.

M. ORGON, *s'approchant.*

C'est bien dommage de vous interrompre ; cela va à merveille, mes enfans ; courage.

SILVIA.

Je ne saurois empêcher ce garçon de se mettre à genoux, Monsieur ; je ne suis pas en état de lui en imposer, je pense ?

M. ORGON.

Vous vous convenez parfaitement bien tous deux ; mais j'ai à te dire un mot, Lisette ; & vous reprendrez votre conversation quand nous serons partis : vous le voulez bien, Bourguignon ?

DORANTE.

Je me retire, Monsieur.

M. ORGON.

Allez, & tâchez de parler de votre maître avec un peu plus de ménagemenr que vous ne faites.

DORANTE.

Moi, Monsieur ?

MARIO.

Vous-même, Monsieur Bourguignon ; vous ne brillez pas trop dans le respect que vous avez pour votre maître, dit-on.

DORANTE.

Je ne sais ce qu'on veut dire.

M. ORGON.

Adieu, adieu ; vous vous justifierez une autre fois.

SCENE XI.

SILVIA, MARIO, M. ORGON.

M. ORGON.

EH bien ! Silvia, vous ne nous regardez pas : vous avez l'air tout embarraffé.

SILVIA.

Moi, mon pere ! & où feroit le motif de mon embarras ? Je fuis, grace au Ciel, comme à mon ordinaire ; je fuis fâchée de vous dire que c'eft une idée.

MARIO.

Il y a quelque chofe, ma fœur ; il y a quelque chofe.

SILVIA.

Quelque chofe dans votre tête, à la bonne heure, mon frere ; mais pour dans la mienne, il n'y a que l'étonnement de ce que vous dites.

M. ORGON.

C'eft donc ce garçon qui vient de fortir qui t'infpire cette extrême antipathie que tu as pour fon maître ?

SILVIA.

Qui ? le domeftique de Dorante ?

M. ORGON.

Oui, le galant Bourguignon.

SILVIA.

Le galant Bourguignon, dont je ne favois pas l'épithete, ne me parle pas de lui.

M. ORGON.

Cependant, on prétend que c'eſt lui qui le détruit auprès de toi : & c'eſt fur quoi j'étois bien - aife de te parler.

SILVIA.

Ce n'eſt pas la peine, mon pere : & perſonne au monde, que ſon maître, ne m'a donné l'averſion naturelle que j'ai pour lui.

MARIO.

Ma foi, tu as beau dire, ma ſœur : elle eſt trop forte pour être fi naturelle, & quelqu'un y a aidé.

SILVIA, *avec vivacité.*

Avec quel air myſtérieux vous me dites cela, mon frere ! & qui eſt donc ce quelqu'un qui y a aidé ; voyons.

MARIO.

Dans quelle humeur es-tu, ma ſœur ? comme tu t'emportes !

SILVIA.

C'eſt que je ſuis bien laſſe de mon perſonnage ; & je me ferois déjà démaſquée, ſi je n'avois pas craint de fâcher mon pere.

M. ORGON.

Gardez-vous-en bien, ma fille ; je viens ici pour vous le recommander. Puiſque j'ai eu la complaiſance de vous permettre votre déguiſement, il faut, s'il vous plaît, que vous ayez celle de ſuſpendre votre jugement ſur Dorante, & de voir ſi l'averſion qu'on vous a donnée pour lui eſt légitime.

SILVIA.

Vous ne m'écoutez donc point, mon pere ? Je vous dis qu'on ne me l'a point donnée.

MARIO.

Quoi ! ce babillard qui vient de ſortir ne t'a pas un peu dégoûtée de lui ?

SILVIA, *avec feu.*

Que vos diſcours ſont déſobligeans ! m'a dégoûtée de lui ! dégoûtée ! j'eſſuie des expreſſions bien étranges ; je n'entends plus que des choſes inouies, qu'un langage inconcevable, j'ai l'air embarraſſé, il y a quelque choſe : & puis ç'eſt le galant Bourguignon qui m'a dégoûtée. C'eſt tout ce qui vous plaira ; mais je n'y entends rien.

MARIO,

Pour le coup, c'eſt toi qui es étrange : à
qui en as-tu donc ? d'où vient que tu es ſi
fort ſur le qui-vive ? dans quelle idée nous
ſoupçonnes-tu ?

SILVIA.

Courage, mon frere : par quelle fatalité
aujourd'hui ne pouvez-vous me dire un mot
qui ne me choque ? Quel ſoupçon voulez-
vous qui me vienne ? avez-vous des vi-
ſions ?

M. ORGON.

Il eſt vrai que tu es ſi agitée, que je ne
te reconnois point non plus. Ce ſont apparemment ces mouvemens-là qui ſont cauſe
que Liſette nous a parlé comme elle a fait.
Elle accuſoit ce valet de ne t'avoir pas en-
tretenu à l'avantage de ſon maître : & Madame, nous a-t-elle dit, l'a défendu contre moi avec tant de colere, que j'en ſuis
encore toute ſurpriſe ; & c'eſt ſur ce mot de
ſurpriſe que nous l'avons querellée ; mais ces
gens-là ne ſavent pas la conſéquence d'un
mot.

SILVIA.

L'impertinente ! y a-t-il rien de plus haïſ-
ſable que cette fille-là ? J'avoue que je me

fuis fâchée par un efprit de juftice pour ce garçon.

MARIO.

Je ne vois point de mal à cela.

SILVIA.

Y a-t-il rien de plus fimple ? Quoi ! parce que je fuis équitable, que je veux qu'on ne nuife à perfonne, que je veux fauver un domeftique du tort qu'on peut lui faire auprès de fon maître, on dit que j'ai des emportemens, des fureurs dont on eft furprife ? Un moment après un mauvais efprit raifonne ; il faut fe fâcher, il faut la faire taire, & prendre mon parti contre elle, à caufe de la conféquence de ce qu'elle dit ? Mon parti ! J'ai donc befoin qu'on me défende, qu'on me juftifie ? on peut donc mal interprêter ce que je fais ? mais que fais-je ? de quoi m'accufe-t-on ? inftruifez-moi, je vous en conjure : cela eft-il férieux ? me joue-t-on ? fe moque-t-on de moi ? je ne fuis pas tranquille.

M. ORGON.

Doucement donc.

SILVIA.

Non, Monfieur, il n'y a point de douceur qui tienne : comment donc ? des furprifes, des conféquences ! Eh qu'on s'explique : que veut-on veut-on dire ? On accuse ce valet , & on a tort ; vous vous trompez tous ; Lisette est une folle , il est innocent, & voilà qui est fini : pourquoi donc m'en reparler encore ? car je suis outrée.

M. ORGON.

Tu te retiens , ma fille ; tu aurois grande envie de me quereller aussi. Mais faisons mieux, il n'y a que ce valet qui est suspect ici ; Dorante n'a qu'à le chasser.

SILVIA.

Quel malheureux déguisement ! Sur-tout que Lisette ne m'approche pas ; je la hais plus que Dorante.

M. ORGON.

Tu la verras si tu veux ; mais tu dois être charmée que ce garçon s'en aille , car il t'aime ; & cela t'importune , assurément.

SILVIA.

Je n'ai point à m'en plaindre : il me prend pour une suivante , & il me parle sur ce ton-là ; mais il ne me dit pas ce qu'il veut ; j'y mets bon ordre.

MARIO.

Tu n'en es pas tant la maîtresse que tu le dis bien.

D

M. ORGON.

Ne l'avons-nous pas vu se mettre à genoux malgré toi ? N'as-tu pas été obligée, pour le faire lever, de lui dire qu'il ne te déplaisoit pas ?

SILVIA, *à part.*

J'étouffe.

MARIO.

Encore a-t-il fallu, quand il t'a demandé si tu l'aimerois, que tu ayes tendrement ajouté, volontiers ; sans quoi il y seroit encore.

SILVIA.

L'heureuse apostille, mon frere ! Mais comme l'action m'a déplu, la répétition n'en est pas aimable. Ah ça, parlons sérieusement : quand finira la comédie que vous vous donnez sur mon compte ?

M. ORGON.

La seule chose que j'exige de toi, ma fille, c'est de ne te déterminer à le refuser qu'avec connoissance de cause. Attends encore ; tu me remercieras du délai que je demande, je t'en réponds.

MARIO.

Tu épouseras Dorante, & même avec inclination, je te le prédis.... Mais, mon pere, je vous demande grace pour le valet.

SILVIA.

Pourquoi, grace ? & moi je veux qu'il
forte.

M. ORGON.

Son maître en décidera ; allons-nous-en.

MARIO.

Adieu, adieu, ma sœur ; sans rancune.

SCENE XII.

SILVIA, *seule*, DORANTE,
qui vient peu après.

SILVIA.

AH ! que j'ai le cœur serré ! je ne sais ce
qui se mêle à l'embarras où je me trouve :
toute cette aventure-ci m'afflige : je me défie
de tous les visages ; je ne suis contente de
personne : je ne le suis pas de moi-même.

DORANTE.

Ah ! je te cherchois, Lisette.

SILVIA

Ce n'étoit pas la peine de me trouver ; car
je te fuis, moi.

D2

DORANTE, *l'empêchant de sortir.*

Arrête donc, Lisette, j'ai à te parler pour la derniere fois : il s'agit d'une chose de conséquence qui regarde tes maîtres.

SILVIA.

Va la dire à eux-mêmes : je ne te vois jamais, que tu ne me chagrines ; laisse-moi.

DORANTE.

Je t'en offre autant : mais écoute-moi, te dis-je ; tu vas voir les choses bien changer de face, parce que je te vais dire.

SILVIA.

Eh bien ! parle donc ; je t'écoute, puisqu'il est arrêté que ma complaisance pour toi sera éternelle.

DORANTE.

Me promets-tu le secret ?

SILVIA.

Je n'ai jamais trahi personne.

DORANTE.

Tu ne dois la confidence que je vais te faire, qu'à l'estime que j'ai pour toi.

SILVIA.

Je le crois : mais tâche de m'estimer sans me le dire ; car cela sent le prétexte.

DORANTE.

Tu te trompes, Lifette : tu m'as promis le fecret ; achevons. Tu m'as vu dans de grands mouvemens ; je n'ai pu me défendre de t'aimer.

SILVIA.

Nous y voilà : je me défendrai bien de t'entendre, moi : adieu.

DORANTE.

Refte, ce n'eft plus Bourguignon qui te parle.

SILVIA.

Eh ! qui es-tu donc ?

DORANTE.

Ah ! Lifette ! c'eft ici où tu vas juger des peines qu'a dû reffentir mon cœur.

SILVIA.

Ce n'eft pas à ton cœur à qui je parle, c'eft à toi.

DORANTE.
Perfonne ne vient-il ?

SILVIA.

Non.

DORANTE.

L'état où font les chofes me force à te le dire ; je fuis trop honnête homme pour n'en pas arrêter le cours.

D 3

SILVIA.

Soit.

DORANTE.

Sache que celui qui eſt avec ta maîtreſſe n'eſt pas ce qu'on penſe.

SILVIA, *vivement.*

Qui eſt-il donc ?

DORANTE.

Un valet.

SILVIA.

Après.

DORANTE.

C'eſt moi qui ſuis Dorante.

SILVIA, *à part.*

Ah ! je vois clair dans mon cœur.

DORANTE.

Je voulois ſous cet habit pénétrer un peu ce que c'étoit que ta maîtreſſe, avant que de l'épouſer. Mon pere, en partant, me permit ce que j'ai fait ; & l'évenement m'en paroît un ſonge : je hais la maîtreſſe dont je devois être l'époux, & j'aime la ſuivante qui ne devoit trouver en moi qu'un nouveau maître. Que faut-il que je faſſe à préſent ? Je rougis pour elle de le dire ; mais ta maîtreſſe a ſi peu de goût, qu'elle eſt épriſe de mon valet, au point qu'elle l'é-

pousera si on la laisse faire. Quel parti prendre ?

SILVIA, *à part.*

Cachons-lui qui je suis.... (*haut.*) Votre
situation est neuve, assurément ! Mais, Monsieur, je vous fais d'abord més excuses de
tout ce que mes discours ont pu avoir d'ir-
régulier dans nos entretiens.

DORANTE, *vivement.*

Tais-toi, Lisette ; tes excuses me cha-
grinent : elles me rappellent la distance qui
nous sépare, & ne me la rendent que plus
douloureuse.

SILVIA.

Votre penchant pour moi est-il si sérieux?
M'aimez-vous jusques-là ?

DORANTE.

Au point de renoncer à tout engagement,
puisqu'il ne m'est pas permis d'unir mon sort
au tien : & dans cet état, la seule douceur que
je pouvois goûter, c'étoit de croire que tu ne
me haïssois pas.

SILVIA.

Un cœur qui m'a choisi dans la condition où je suis, est assurément bien digne
qu'on l'accepte ; & je le payerois volontiers du mien, si je ne craignois pas de le

D 4

jetter dans un engagement qui lui feroit tort.

DORANTE.

N'as-tu pas affez de charmes, Lifette ? y ajoutes-tu encore la noblesse avec laquelle tu me parles.

SILVIA.

J'entends quelqu'un. Patientez encore fur l'article de votre valet ; les chofes n'iront pas fi vîte : nous nous reverrons , & nous chercherons les moyens de vous tirer d'affaire.

DORANTE.

Je fuivrai tes confeils.

Il fort.

SILVIA.

Allons, j'avois grand befoin que ce fût-là Dorante !

SCENE XIII.

SILVIA, MARIO.

MARIO.

JE viens te retrouver , ma fœur. Nous t'avons laiffée dans des inquiétudes qui me touchent : je veux t'en tirer ; écoute-moi.

SILVIA, *vivement.*

Ah vraiment, mon frere, il y a bien d'autres nouvelles !

MARIO.

Qu'eſt-ce que c'eſt ?

SILVIA.

Ce n'eſt point Bourguignon, mon frere, c'eſt Dorante.

MARIO.

Duquel parlez-vous donc ?

SILVIA.

De lui, vous dis-je : je viens de l'apprendre tout-à-l'heure. Il ſort : il me l'a dit lui-même.

MARIO.

Qui donc ?

SILVIA.

Vous ne m'entendez donc pas ?

MARIO.

Si j'y comprends rien, je veux mourir.

SILVIA.

Venez, ſortons d'ici : allons trouver mon pere ; il faut qu'il le ſache. J'aurai beſoin de vous auſſi, mon frere. Il me vient de nouvelles idées : il faudra feindre de m'aimer : vous en avez déjà dit quelque choſe en ba-

D 5

dinant ; mais fur - tout gardez bien le fecret,
je vous prie.

M A R I O.

Oh ! je le garderai bien ; car je ne fais ce
que c'eft.

S I L V I A.

Allons , mon frere , venez ; ne perdons
point de tems. Il n'eft jamais rien arrivé d'é-
gal à cela !

M A R I O.

Je prie le Ciel qu'elle n'extravague pas.

Fin du fecond Acte.

ACTE III.

SCENE PREMIERE.

DORANTE, ARLEQUIN.

ARLEQUIN.

HÉLAS! Monsieur, mon très-honoré maître, je vous en conjure.

DORANTE.

Encore?

ARLEQUIN.

Ayez compassion de ma bonne aventure;
ne portez point guignon à mon bonheur qui
va son train si rondement; ne lui fermez point
le passage.

DORANTE.

Allons donc, misérable, je crois que tu
te moques de moi! tu mériterois cent coups
de bâton.

ARLEQUIN.

Je ne les refuse point, si je les mérite; mais
quand je les aurai reçus, permettez-moi

D 6

d'en mériter d'autres. Voulez-vous que j'aille chercher le bâton ?

DORANTE.

Maraud !

ARLEQUIN.

Maraud foit : mais cela n'eſt point contraire à faire fortune.

DORANTE.

Ce coquin ! quelle imagination il lui prend !

ARLEQUIN.

Coquin eſt encore bon, il me convient auſſi : un maraud n'eſt point déshonoré d'être appellé coquin ; mais un coquin peut faire un bon mariage.

DORANTE.

Comment, inſolent, tu veux que je laiſſe un honnête homme dans l'erreur, & que je ſouffre que tu épouſes ſa fille ſous mon nom ? Écoute, ſi tu me parles encore de cette impertinence-là, dès que j'aurai averti Monſieur Orgon de ce que tu es, je te chaſſe, entends-tu ?

ARLEQUIN.

Accommodons-nous : cette Demoiſelle m'adore, elle m'idolâtre ; ſi je lui dis mon état de valet, & que nonobſtant, ſon tendre cœur ſoit toujours friand de la nôce avec moi, ne laiſſerez-vous pas jouer les violons ?

DORANTE.

Dès qu'on te connoîtra, je ne m'en embarraffe plus.

ARLEQUIN.

Bon ! & je vais de ce pas prévenir cette
généreufe perfonne fur mon habit de caractere. Jefpere que ce ne fera pas un galon de
couleur qui nous brouillera enfemble , & que
fon amour me fera paffer à la table , en dépit du fort qui ne m'a mis qu'au buffet.

SCENE II.

DORANTE, *feul*, & *enfuite* MARIO.

DORANTE.

Tout ce qui fe paffe ici, tout ce qui m'y
eft arrivé à moi-même eft incroyable.....
Je voudrois pourtant bien voir Lifette , &
favoir le fuccès de ce qu'elle m'a promis de
faire auprès de fa maîtreffe, pour me tirer
d'embarras. Allons voir fi je pourrai la trouver feule.

MARIO.

Arrêtez, Bourguignon , j'ai un mot à vous
dire.

DORANTE.
Qu'y a-t-il pour votre fervice, Monfieur?

MARIO.
Vous en contez à Lifette?

DORANTE.
Elle eft fi aimable, qu'on auroit de la peine à ne lui pas parler d'amour.

MARIO.
Comment reçoit-elle ce que vous lui dites?

DORANTE.
Monfieur, elle en badine.

MARIO.
Tu as de l'efprit : ne fais-tu pas l'hypocrite ?

DORANTE.
Non ; mais qu'eft-ce que cela vous fait? Suppofé que Lifette eût du goût pour moi....

MARIO.
Du goût pour lui ! où prenez-vous vos termes? vous avez le langage bien précieux, pour un garçon de votre efpece.

DORANTE.
Monfieur, je ne faurois parler autrement.

MARIO.

C'eſt apparemment avec ces petites délica-
teſſes-là que vous attaquez Liſette? cela imite l'homme de condition.

DORANTE.

Je vous aſſure, Monſieur, que je n'imite
perſonne: mais ſans doute que vous ne venez pas exprès pour me traiter de ridicule,
& vous aviez autre choſe à me dire? Nous
parlions de Liſette, de mon inclination pour
elle, & de l'intérêt que vous y prenez.

MARIO.

Comment, morbleu! il y a déjà un ton de
jalouſie dans ce que tu me réponds? Mode-
re-toi un peu. Eh bien! tu me diſois qu'en
ſuppoſant que Liſette eût du goût pour toi;
après......

DORANTE.

Pourquoi faudroit-il que vous le fuſſiez,
Monſieur?

MARIO.

Ah! le voici: c'eſt que malgré le ton ba-
din que j'ai pris tantôt, je ſerois très-fâché
qu'elle t'aimât: c'eſt que ſans autre raiſonne-
ment, je te défends de t'adreſſer davantage à
elle; non pas dans le fond que je craigne
qu'elle t'aime, elle me paroît avoir le cœur
trop haut pour cela; mais c'eſt qu'il me dé-

plaît, à moi, d'avoir Bourguignon pour ri-
val.

DORANTE.

Ma foi, je vous crois ; car Bourguignon,
tout Bourguignon qu'il eſt, n'eſt pas même
content que vous ſoyez le ſien.

MARIO.

Il prendra patience.

DORANTE.

Il faudra bien : mais, Monſieur, vous l'aimez donc beaucoup ?

MARIO.

Aſſez pour m'attacher ſérieuſement à elle,
dès que j'aurai pris de certaines meſures; comprends - tu ce que cela ſignifie ?

DORANTE.

Oui, je crois que je ſuis au fait ; & ſur ce
pied - là vous êtes aimé, ſans doute.

MARIO.

Qu'en penſes - tu ? eſt-ce que je ne vaux pas
la peine de l'être ?

DORANTE.

Vous ne vous attendez pas à être loué par
vos propres rivaux, peut - être ?

MARIO.

La réponſe eſt de bon ſens, je te la pardonne; mais je ſuis bien mortifié de ne pou-

voir pas dire qu'on m'aime : & je ne le dis
pas pour t'en rendre compte, comme tu le
crois bien ; mais c'eſt qu'il faut dire la vérité.

DORANTE.

Vous m'étonnez, Monſieur : Liſette ne ſait
donc pas vos deſſeins ?

MARIO.

Liſette ſait tout le bien que je lui veux,
& n'y paroît pas ſenſible ; mais j'eſpere que
la raiſon me gagnera ſon cœur. Adieu, re-
tire-toi ſans bruit : ſon indifférence pour moi,
malgré tout ce que je lui offre, doit te con-
ſoler du ſacrifice que tu me feras...... Ta
livrée n'eſt pas propre à faire pancher la ba-
lance en ta faveur, & tu n'es pas fait pour
lutter contre moi.

SCENE III.

SILVIA, DORANTE, MARIO.

MARIO.

AH! te voilà, Lisette?

SILVIA.

Qu'avez-vous, Monsieur? vous me paroissez ému.

MARIO.

Ce n'est rien, je disois un mot à Bourguignon.

SILVIA.

Il est triste; est-ce que vous le querelliez?

DORANTE.

Monsieur m'apprend qu'il vous aime, Lisette.

SILVIA.

Ce n'est pas ma faute.

DORANTE.

Et me défend de vous aimer.

SILVIA.

Il me défend donc de vous paroître aimable.

MARIO.

Je ne saurois empêcher qu'il ne t'aime, belle Lisette; mais je ne veux pas qu'il te le dise.

SILVIA.

Il ne me le dit plus, il ne fait que me le répéter.

MARIO.

Du moins ne te le répétera-t-il pas, quand je ferai préfent. Retirez-vous, Bourguignon.

DORANTE.

J'attends qu'elle me l'ordonne.

MARIO.

Encore ?

SILVIA.

Il dit qu'il attend : ayez donc patience.

DORANTE

Avez-vous de l'inclination pour Monfieur ?

SILVIA.

Quoi ! de l'amour ? oh ! je crois qu'il ne fera pas néceffaire qu'on me le défende.

DORANTE.

Ne me trompez-vous pas ?

MARIO.

En vérité, je joue ici un joli perfonnage ! Qu'il forte donc. A qui eft-ce que je parle ?

DORANTE.

A Bourguignon ; voilà tout.

MARIO.

Eh bien ! qu'il s'en aille.

DORANTE, *à part.*

Je souffre.

SILVIA.

Cédez, puisqu'il se fâche.

DORANTE, *bas,* *à Silvia.*

Vous ne demandez, peut-être, pas mieux?

MARIO.

Allons, finissons.

DORANTE.

Vous ne m'aviez pas dit cet amour-là, Lisette.

SCENE IV.

M. ORGON, MARIO, SILVIA.

SILVIA.

SI je n'aimois pas cet homme-là, avouons que je ferois bien ingrate.

MARIO, *riant.*

Ha, ha, ha, ha !

M. ORGON.

De quoi riez-vous, Mario ?

MARIO.

De la colere de Dorante qui fort, & que j'ai obligé de quitter Lifette.

SILVIA.

Mais que vous a-t-il dit dans le petit entretien que vous avez eu tête-à-tête avec lui ?

MARIO.

Je n'ai jamais vu d'homme ni plus intrigué, ni de plus mauvaife humeur.

M. ORGON.

Je ne fuis pas fâché qu'il foit la dupe de fon propre ftratagême ; & d'ailleurs, à le bien prendre, il n'y a rien de si flatteur, ni de plus obligeant pour lui, que tout ce que tu as fait jusqu'ici, ma fille ; mais en voilà assez.

M A R I O.

Mais, où en est-il précisément, ma sœur?

S I L V I A.

Hélas ! mon frere ! je vous avoue que j'ai lieu d'être contente.

M A R I O.

Hélas ! mon frere, me dit-elle ! Sentez-vous cette paix douce qui se mêle à ce qu'elle dit ?

M. O R G O N.

Quoi ! ma fille ! tu esperes qu'il ira jusqu'à t'offrir sa main dans le déguisement où te voilà ?

S I L V I A.

Oui, mon cher Pere, je l'espere.

M A R I O.

Friponne que tu es, avec ton cher Pere ! tu ne nous grondes plus à présent, tu nous dis des douceurs.

S I L V I A.

Vous ne me passez rien.

MARIO.

Ha, ha ! je prends ma revanche : tu m'as tantôt chicanné fur les expreffions : il faut bien à mon tour que je badine un peu fur les tiennes : ta joie eft bien auffi divertiffante que l'étoit ton inquiétude.

M. ORGON.

Vous n'aurez point à vous plaindre de moi, ma fille : j'acquiefce à tout ce qui vous plaît.

SILVIA.

Ah ! Monfieur, fi vous faviez combien je vous aurai d'obligation ! Dorante, & moi, nous fommes deftinés l'un à l'autre ; il doit m'époufer : fi vous faviez combien je lui tiendrai compte de ce qu'il fait aujourd'hui pour moi, combien mon cœur gardera le fouvenir de l'excès de tendreffe qu'il me montre ? fi vous faviez combien tout ceci va rendre notre union aimable ! il ne pourra jamais fe rappeller notre hiftoire, fans m'aimer : je n'y fongerai jamais, que je ne l'aime. Vous avez fondé notre bonheur pour la vie, en me laiffant faire : c'eft un mariage unique ; c'eft une aventure dont le feul récit eft attendriffant ; c'eft le coup de hazard le plus fingulier, le plus heureux, le plus.....

MARIO.

Ha, ha, ha! que ton cœur a de caquet, ma sœur! quelle éloquence!

M. ORGON.

Il faut convenir que le régal que tu te donnes est charmant, sur-tout si tu acheves.

SILVIA.

Cela vaut fait; Dorante est vaincu: j'attends mon captif.

MARIO.

Ses fers feront plus dorés qu'il ne pense; mais je lui crois l'ame en peine, & j'ai pitié de ce qu'il souffre.

SILVIA.

Ce qui lui en coûte à se déterminer, ne me le rend que plus estimable: il pense qu'il chagrinera son pere, en m'épousant: il croit trahir sa fortune & sa naissance; voilà de grands sujets de réflexion: je serois charmée de triompher. Mais il faut que j'arrache ma victoire, & non pas qu'il me la donne; je veux un combat entre l'amour & la raison.

MARIO.

Et que la raison y périsse.

M. ORGON.

M. ORGON.

C'eſt-à-dire, que tu veux qu'il ſente toute l'étendue de l'impertinence qu'il croira faire; quelle inſatiable vanité d'amour-propre !

MARIO.

Cela, c'eſt l'amour-propre d'une femme; & il eſt tout au plus uni.

SCENE V.

M. ORGON, SILVIA, MARIO, LISETTE.

M. ORGON.

PAIX, voici Liſette ; voyons ce qu'elle nous veut.

LISETTE.

Monſieur, vous m'avez dit tantôt que vous m'abandonniez Dorante, que vous livriez ſa tête à ma diſcrétion : je vous ai pris au mot ; j'ai travaillé comme pour moi, & vous verrez de l'ouvrage bien fait ; allez, c'eſt une tête bien conditionnée. Que voulez-vous que j'en faſſe à préſent ? Madame me le cede-t-elle ?

E

M. ORGON.

Ma fille , encore une fois , n'y prétendez-vous rien ?

SILVIA.

Non : je te le donne, Lifette, je te remets tous mes droits ; & pour dire comme toi , je ne prendrai jamais de part à un cœur que je n'aurai pas conditionné moi-même.

LISETTE.

Quoi ! vous voulez bien que je l'époufe ? Monfiéur le veut bien aufli ?

M. ORGON.

Oui : qu'il s'accommode ; pourquoi t'aime-t-il ?

MARIO.

J'y confens aufli , moi.

LISETTE.

Moi aufli , & je vous en remercie tous.

M. ORGON.

Attends ; j'y mets pourtant une petite reftriction : c'eft qu'il faudroit, pour nous difculper de ce qui arrivera , que tu lui difes un peu qui tu es.

LISETTE.

Mais fi je lui dis un peu , il le faura tout-à-fait.

M. ORGON.

Eh bien! cette tête en ſi bon état, ne ſoutiendra-t-elle pas cette ſecouſſe-là? je ne le crois pas de caractere à s'effaroucher là-deſſus.

LISETTE.

Le voici qui me cherche ; ayez donc la bonté de me laiſſer le champ libre : il s'agit ici de mon chef-d'œuvre.

M. ORGON.

Cela eſt juſte ; retirons-nous.

SILVIA.

De tout mon cœur.

MARIO.

Allons.

E 2

SCENE VI.
LISETTE, ARLEQUIN.

ARLEQUIN.

ENFIN, ma reine, je vous vois, & je ne vous quitte plus ; car j'ai trop pâti d'avoir manqué de votre préfence , & j'ai cru que vous efquiviez la mienne.

LISETTE.

Il faut vous avouer, Monfieur, qu'il en étoit quelque chofe.

ARLEQUIN.

Comment donc , ma chere ame , élixir de mon cœur, avez-vous entrepris la fin de ma vie ?

LISETTE.

Non, mon cher ; la durée m'en eft trop précieufe.

ARLEQUIN.

Ah! que ces paroles me fortifient.

LISETTE.

Et vous ne devez point douter de ma tendreffe.

ARLEQUIN.

Je voudrois bien pouvoir baifer ces petits

mots-là, & les cueillir fur votre bouche avec la mienne.

LISETTE.

Mais vous me preffiez fur notre mariage, & mon père ne m'avoit pas encore permis de vous répondre ; je viens de lui parler, & j'ai fon avèu pour vous dire que vous pouvez lui demander ma main quand vous voudrez.

ARLEQUIN.

Avant que je la demande à lui, fouffrez que je la demande à vous : je veux lui rendre mes graces de la charité qu'elle aura de vouloir bien entrer dans la mienne, qui en eft véritablement indigne.

LISETTE.

Je ne refufe pas de vous la prêter un moment, à condition que vous la prendrez pour toujours.

ARLEQUIN.

Chere petite main rondelette & potelée, je vous prends fans marchander ; je ne fuis pas en peine de l'honneur que vous me ferez ; il n'y a que celui que je vous rendrai qui m'inquiette.

LISETTE.

Vous m'en rendrez plus qu'il ne m'en faut.

ARLEQUIN.

Ah ! que nenni, vous ne favez pas cette arithmétique-là auffi-bien que moi.

E 3

LISETTE.

Je regarde pourtant votre amour comme un préfent du Ciel.

ARLEQUIN.

Le préfent qu'il vous a fait ne le ruinera pas ; il eft bien mefquin.

LISETTE.

Je ne le trouve que trop magnifique.

ARLEQUIN.

C'eft que vous ne le voyez pas au grand jour.

LISETTE.

Vous ne fauriez croire combien votre modeftie m'embarraffe.

ARLEQUIN.

Ne faites point dépenfe d'embarras, je ferois bien effronté fi je n'étois point modefte.

LISETTE.

Enfin, Monfieur, faut-il vous dire que c'eft moi que votre tendreffe honore ?

ARLEQUIN.

Ahi, ahi! je ne fais plus où me mettre.

LISETTE.

Encore une fois, Monfieur, je me connois.

ARLEQUIN.

Hé! je me connois bien auffi, & je n'ai pas-là une fameufe connoiffance, ni vous non plus, quand vous l'aurez faite ; mais c'eft-là le diable que de me connoître : vous ne vous attendez pas au fond du fac.

LISETTE, *à part.*

Tant d'abaissement n'est pas naturel! *(haut.)* D'où vient me dites-vous cela ?

ARLEQUIN.

Et voilà où gît le lièvre.

LISETTE.

Mais encore ? Vous m'inquiétez. Est-ce que vous n'êtes pas...

ARLEQUIN.

Ahi, ahi ! vous m'ôtez ma couverture.

LISETTE.

Sachons de quoi il s'agit.

ARLEQUIN, *à part.*

Préparons un peu cette affaire-là...... *(haut.)*. Madame, votre amour est-il d'une constitution bien robuste ? Soutiendra-t-il bien la fatigue que je vais lui donner ? Un mauvais gîte lui fait-il peur ? je vais le loger petitement.

LISETTE.

Ah ! tirez-moi d'inquiétude. En un mot, qui êtes-vous ?

ARLEQUIN.

Je suis...... N'avez-vous jamais vu de fausse monnoie ? Savez-vous ce que c'est qu'un Louis d'or faux ? Eh bien ! je ressemble assez à cela.

E 4

LISETTE.

Achevez donc : quel eſt votre nom ?

ARLEQUIN.

Mon nom ! (*à part.*) Lui dirai-je que je m'appelle Arlequin ? non ; cela rime trop avec coquin.

LISETTE.

Eh bien ?

ARLEQUIN.

Ah dame ! il y a un peu à tirer ici. Haïſ-ſez-vous la qualité de Soldat ?

LISETTE.

Qu'appellez-vous un Soldat ?

ARLEQUIN.

Oui ; par exemple, un Soldat d'anti-chambre.

LISETTE.

Un Soldat d'anti-chambre ! Ce n'eſt donc point Dorante à qui je parle, enfin.

ARLEQUIN.

C'eſt lui qui eſt mon Capitaine.

LISETTE.

Faquin !

ARLEQUIN, *à part.*

Je n'ai pu éviter la rime.

LISETTE.

Mais voyez ce magot, tenez !

ARLEQUIN, *à part.*

La jolie culbute que je fais-là !

LISETTE.

Il y a une heure que je lui demande grace, & que je m'épuise en humilités pour cet animal-là.

ARLEQUIN.

Hélas! Madame, si vous préfériez l'amour à la gloire, je vous ferois bien autant de profit qu'un Monsieur.

LISETTE, *riant*.

Ah, ah, ah! je ne saurois pourtant m'empêcher d'en rire, avec sa gloire! & il n'y a plus que ce parti-là à prendre.... Va, va, ma gloire te pardonne; elle est de bonne composition.

ARLEQUIN.

Tout de bon, charitable Dame? Ah! que mon amour vous promet de reconnoissance!

LISETTE.

Touche-là, Arlequin; je suis prise pour dupe: le Soldat d'anti-chambre de Monsieur, vaut bien la coëffeuse de Madame.

ARLEQUIN.

La coëffeuse de Madame!

LISETTE.

C'est mon Capitaine, ou l'équivalent.

ARLEQUIN.

Masque!

LISETTE.

Prend ta revanche.

E 5

ARLEQUIN.

Mais voyez cette magotte, avec qui, depuis une heure, j'entre en confusion de ma misere !

LISETTE.

Venons au fait. M'aimes-tu ?

ARLEQUIN.

Pardi oui : en changeant de nom, tu n'as pas changé de visage ; & tu sais bien que nous nous sommes promis fidélité, en dépit de toutes les fautes d'orthographe.

LISETTE.

Va, le mal n'est pas grand, consolons-nous ; ne faisons semblant de rien, & n'apprêtons point à rire. Il y a apparence que ton Maître est encore dans l'erreur à l'égard de ma Maîtresse : ne l'avertis de rien ; laissons les choses comme elles sont. Je crois que le voici qui entre. Monsieur, je suis votre servante.

ARLEQUIN.

Et moi votre valet, Madame. (*riant.*) Ha, ha, ha !

SCENE VII.

DORANTE, ARLEQUIN.

DORANTE.

EH bien ! tu quittes la fille d'Orgon : lui as-tu dit qui tu étois ?

ARLEQUIN.

Pardi oui. La pauvre enfant ! j'ai trouvé son cœur plus doux qu'un agneau : il n'a pas soufflé. Quand je lui ai dit que je m'appellois Arlequin, & que j'avois un habit d'ordonnance ; eh bien ! mon ami, m'a-t-elle dit, chacun a son nom dans la vie, chacun a son habit ; le vôtre ne vous coûte rien ; cela ne laisse pas que d'être gracieux.

DORANTE.

Quelle sorte d'histoire me contes-tu là ?

ARLEQUIN.

Tant y a que je vais la demander en mariage.

DORANTE.

Comment ! elle consent à t'épouser ?

ARLEQUIN.

La voilà bien malade !

DORANTE.

Tu m'en imposes : elle ne sait pas qui tu es.

E 6

ARLEQUIN.

Par la ventrebleu, voulez-vous gager que je l'épouse avec la casaque sur le corps, avec une souguenille, si vous me fâchez? Je veux bien que vous sachiez qu'un amour de ma façon n'est point sujet à la casse; que je n'ai pas besoin de votre fripperie pour pousser ma pointe; & que vous n'avez qu'à me rendre la mienne.

DORANTE.

Tu es un fourbe : cela n'est pas concevable; & je vois bien qu'il faudra que j'avertisse Monsieur Orgon.

ARLEQUIN.

Qui, notre pere? ah! le bon homme! nous l'avons dans notre manche. C'est le meilleur humain, la meilleure pâte d'homme.......
Vous m'en direz des nouvelles.

DORANTE.

Quel extravagant! As-tu vu Lisette?

ARLEQUIN.

Lisette! non: peut-être a-t-elle passé devant mes yeux, mais un honnête homme ne prend pas garde à une chambriere : je vous cede ma part de cette attention-là.

DORANTE.

Va-t-en; la tête te tourne.

ARLEQUIN.

Vos petites manieres font un peu aifées ; mais c'eft la grande habitude qui fait cela. Adieu : quand j'aurai époufé, nous vivrons but à but. Votre foubrette arrive. Bon jour, Lifette : je vous recommande Bourguignon ; c'eft un garçon qui a quelque mérite.

SCENE VIII.

DORANTE, SILVIA.

DORANTE, à part.

QU'ELLE eft digne d'être aimée ! Pourquoi faut-il que Mario m'ait prévenu ?

SILVIA.

Où étiez-vous donc, Monfieur ? Depuis que j'ai quitté Mario, je n'ai pu vous retrouver pour vous rendre compte de ce que j'ai dit à Monfieur Orgon.

DORANTE.

Je ne me fuis pourtant pas éloigné. Mais de quoi s'agit-il ?

SILVIA, à part.

Quelle froideur ! (haut.) J'ai eu beau décrier votre valet, & prendre fa confcience à témoin de son peu de mérite ; j'ai eu beau lui représenter qu'on pouvoit du moins reculer le mariage, il ne m'a pas seulement écoutée. Je vous avertis même qu'on parle d'envoyer chez le Notaire, & qu'il est tems de vous déclarer.

DORANTE.

C'est mon intention. Je vais partir *incognito* ; & je laisserai un billet qui instruira M. Orgon de tout.

SILVIA, *à part.*

Partir ! ce n'est pas-là mon compte.

DORANTE.

N'approuvez-vous pas mon idée ?

SILVIA.

Mais.... pas trop.

DORANTE.

Je ne vois pourtant rien de mieux dans la situation où je suis, à moins que de parler moi-même ; & je ne saurois m'y résoudre : j'ai d'ailleurs d'autres raisons qui veulent que je me retire ; je n'ai plus que faire ici.

SILVIA.

Comme je ne sais pas vos raisons, je ne puis ni les approuver, ni les combattre ; & ce n'est pas à moi à vous les demander.

DORANTE.

Il vous est aisé de les soupçonner, Lisette.

S I L V I A.

Mais je pense, par exemple, que vous avez
du goût pour la fille de Monsieur Orgon.

D O R A N T E.

Ne voyez-vous que cela ?

S I L V I A.

Il y a bien encore certaines choses que je
pourrois supposer : mais je ne suis pas folle,
& je n'ai pas la vanité de m'y arrêter.

D O R A N T E.

Ni le courage d'en parler ; car vous n'auriez rien d'obligeant à me dire. Adieu, Lisette.

S I L V I A.

Prenez garde : je crois que vous ne m'entendez pas, je suis obligé de vous le dire.

D O R A N T E.

A merveille : & l'explication ne me seroit
pas favorable ; gardez-moi le secret jusqu'à
mon départ.

S I L V I A.

Quoi ! sérieusement, vous partez ?

D O R A N T E.

Vous avez bien peur que je ne change
d'avis.

S I L V I A.

Que vous êtes aimable, d'être si bien au
fait !

DORANTE.

Cela eſt bien naïf. Adieu.

Il s'en va.

SILVIA, *à part.*

S'il part, je ne l'aime plus, je ne l'épouſe-
rai jamais.... (*elle le regarde aller.*) Il s'arrête pourtant ; il rêve, il regarde ſi je tourne la tête : je ne ſaurois le rappeller, moi....
Il ſeroit pourtant ſingulier qu'il partît, après
tout ce que j'ai fait !.... Ah ! voilà qui eſt
fini : il s'en va ; je n'ai pas tant de pouvoir ſur
lui que je le croyois. Mon frere eſt un mal-
adroit, il s'y eſt mal pris ; les gens indiffé-
rens gâtent tout. Ne ſuis-je pas bien avan-
cée ? Quel dénouement !... Dorante reparoît
pourtant ; il me ſemble qu'il revient ; je me
dédis donc ; je l'aime encore.... Feignons
de ſortir afin qu'il m'arrête : il faut bien que
notre réconciliation lui coûte quelque choſe.

DORANTE, *l'arrêtant.*

Reſtez, je vous prie ; j'ai encore quelque
choſe à vous dire.

SILVIA.

A moi, Monſieur ?

DORANTE.

J'ai de la peine à partir ſans vous avoir con-
vaincue que je n'ai pas tort de le faire.

SILVIA.

Eh ! Monſieur, de quelle conſéquence eſt-
il de vous juſtifier auprès de moi ? Ce n'eſt

pas la peine ; je ne suis qu'une suivante ; &
vous me le faites bien sentir.

DORANTE.

Moi, Lisette! est-ce à vous à vous plaindre ; vous qui me voyez prendre mon parti,
sans me rien dire ?

SILVIA.

Hum. Si je voulois, je vous répondrois bien
là-dessus.

DORANTE.

Répondez-donc : je ne demande pas mieux
que de me tromper. Mais que dis-je ? Mario
vous aime.

SILVIA.

Cela est vrai.

DORANTE.

Vous êtes sensible à son amour, je l'ai vu
par l'extrême envie que vous aviez tantôt
que je m'en allâsse ; ainsi vous ne sauriez
m'aimer.

SILVIA.

Je suis sensible à son amour ! qui est-ce qui
vous l'a dit ? Je ne saurois vous aimer ! qu'en
savez-vous ? vous décidez bien vîte.

DORANTE.

Eh bien! Lisette, par tout ce que vous avez
de plus cher au monde, instruisez-moi de ce
qui en est, je vous en conjure.

SILVIA.

Inftruire un homme qui part !

DORANTE.

Je ne partirai point.

SILVIA.

Laiffez-moi ; tenez, fi vous m'aimez, ne m'interrogez point : vous ne craignez que mon indifférence ; & vous êtes trop heureux que je me taife. Que vous importent mes fenti-mens ?

DORANTE.

Ce qu'ils m'importent, Lifette ? peux-tu douter encore que je ne t'adore ?

SILVIA.

Non, & vous me le répétez fi fouvent que je vous crois : mais pourquoi m'en perfua-dez-vous ? Que voulez-vous que je faffe de cette penfée-là, Monfieur ? Je vais vous par-ler à cœur ouvert. Vous m'aimez ; mais, vo-tre amour n'eft pas une chofe bien férieufe pour vous. Que de reffources n'avez-vous pas pour vous en défaire ! La diftance qu'il y a de vous à moi, mille objets que vous allez trouver fur votre chemin, l'envie qu'on aura de vous rendre fenfible, les amufemens d'un homme de votre condition ; tout va vous ôter cet amour dont vous m'entretenez impi-toyablement. Vous en rirez, peut-être, au fortir d'ici, & vous aurez raifon. Mais moi,

Monfieur, fi je m'en reffouviens, comme j'en ai peur ; s'il m'a frappée, quel fecours aurai-je contre l'impreffion qu'il m'aura faite ? Qui eft-ce qui me dédommagera de votre perte ? Qui voulez-vous que mon cœur mette à votre place ? Savez-vous bien que fi je vous aimois, tout ce qu'il y a de plus grand dans le monde ne me toucheroit plus ? Jugez donc de l'état où je refterois ; ayez la générofité de me cacher votre amour. Moi qui vous parle, je me ferois un fcrupule de vous dire que je vous aime, dans les difpofitions où vous êtes ; l'aveu de mes fentimens pourroit expofer votre raifon ; & vous voyez bien auffi que je vous les cache.

DORANTE.

Ah ! ma chere Lifette ; que viens-je d'entendre ! tes paroles ont un feu qui me pénetre, je t'adore, je te refpecte. Il n'eft ni rang, ni naiffance, ni fortune qui ne difparoiffe devant une ame comme la tienne ; j'aurois honte que mon orgueil tînt encore contre toi ; & mon cœur & ma main t'appartiennent.

SILVIA.

En vérité, ne mériteriez-vous pas que je les priffe ? Ne faut-il pas être bien généreufe pour vous diffimuler le plaifir qu'ils me font ? & croyez-vous que cela puiffe durer ?

DORANTE.

Vous m'aimez donc?

SILVIA.

Non, non: mais fi vous me le demandez encore, tant-pis pour vous.

DORANTE.

Vos menaces ne me font point de peur.

SILVIA.

Et Mario, vous n'y fongez donc plus?

DORANTE.

Non, Lifette; Mario ne m'allarme plus: vous ne l'aimez point; vous ne pouvez plus me tromper; vous avez le cœur vrai; vous êtes fenfible à ma tendreffe; je ne faurois en douter au tranfport qui m'a pris, j'en fuis fûr; & vous ne fauriez plus m'ôter cette certitude-là.

SILVIA.

Oh! je n'y tâcherai point; gardez-là, nous verrons ce que vous en ferez.

DORANTE

Ne confentez-vous pas d'être à moi?

SILVIA.

Quoi! vous m'épouferez malgré ce que vous êtes, malgré la colere d'un pere, malgré votre fortune?

D O R A N T E.

Mon pere me pardonnera dès qu'il vous aura vûe ; ma fortune nous fuffit à tous deux, & le mérite vaut bien la naiffance : ne difputons point, car je ne changerai jamais.

S I L V I A.

Il ne changera jamais ! Savez-vous bien que vous me charmez, Dorante.

D O R A N T E.

Ne gênez donc plus votre tendreffe, & laiffez-la répondre...

S I L V I A.

Enfin, j'en fuis venue à bout : vous... vous ne changerez jamais ?

D O R A N T E.

Non, ma chere Lifette.

S I L V I A.

Que d'amour !

SCENE DERNIERE.

M. ORGON, SILVIA, DORANTE, LISETTE, ARLEQUIN, MARIO.

SILVIA.

AH! mon pere, vous avez voulu que je fuſſe à Dorante ; venez voir votre fille vous obéir avec plus de joie qu'on n'en eût jamais.

DORANTE.

Qu'entends-je ! vous, ſon pere, Monſieur?

SILVIA.

Oui, Dorante, la même idée de nous connoître nous eſt venue à tous deux; après cela, je n'ai plus rien à vous dire : vous m'aimez, je n'en ſaurois douter. Mais, à votre tour, jugez de mes ſentimens pour vous ; jugez du cas que j'ai fait de votre cœur, par la délicateſſe avec laquelle j'ai tâché de l'acquérir.

M. ORGON.

Connoiſſez-vous cette lettre-là ? Voilà par où j'ai appris votre déguiſement, qu'elle n'a pourtant ſû que par vous.

DORANTE.

Je ne ſaurois vous exprimer mon bonheur,

Madame ; mais ce qui m'enchante le plus, ce font les preuves que je vous ai données de ma tendreffe.

MARIO.

Dorante me pardonne-t-il la colere où j'ai mis Bourguignon ?

DORANTE.

Il ne vous la pardonne pas, il vous en remercie.

ARLEQUIN.

De la joie, Madame. Vous avez perdu votre rang ; mais vous n'êtes point à plaindre, puifqu'Arlequin vous refte.

LISETTE.

Belle confolation ! il n'y a que toi qui gagne à cela.

ARLEQUIN.

Je n'y perds pas ; avant notre reconnoiffance votre dot valoit mieux que vous ; à préfent vous valez mieux que votre dot. Allons, faute Marquis.

FIN.

APPROBATION.

J'AI lû par ordre de Monseigneur le Garde des Sceaux, une Comédie qui a pour titre, *Le Jeu de l'Amour & du Hazard*, qui doit être imprimée dans le Recueil du nouveau Théâtre Italien. Fait à Paris ce 21 Février 1730.

DANCHET.

www.ingramcontent.com/pod-product-compliance
Lightning Source LLC
Chambersburg PA
CBHW071828090426
42737CB00012B/2206